Luise Fröhlich und Jörg Fröhlich

Das Potsdamer Terrassenrestaurant „Minsk"
und der Brauhausberg
im Wandel der Zeit
(1970 - 2015)

Luise Fröhlich und Jörg Fröhlich

Das Potsdamer Terrassenrestaurant „Minsk"

und der Brauhausberg

im Wandel der Zeit

(1970 - 2015)

Alle in diesem Buch veröffentlichten Abbildungen stammen zunächst aus der Privatsammlung des Mitautors Jörg Fröhlich. Aktuelle Fotos wurden von Luise und Jörg Fröhlich eigenhändig erstellt. Wir danken Herrn Thomas Hintze für die Bereitstellung von zwei Abbildungen, dem Verlag „Bild und Heimat GmbH" Berlin für die Genehmigung des Abdrucks von Ansichtskarten des DDR-Verlages „Bild und Heimat Reichenbach i.V." sowie Herrn Stefan Grimm als Rechteinhaber des Verlages „Kunstanstalt Straub & Fischer Meiningen" für die Genehmigung des Abdrucks einer Ansichtskarte. In einigen Fällen ist es uns nicht gelungen, für den Abdruck der Fotos die Rechteinhaber zu ermitteln. In diesen Fällen bleiben Honoraransprüche der Fotografen, Verlage und Ihrer Rechtsnachfolger gewahrt.

Die Deutsche Nationalbibliothek verzeichnet diese Publikation in der Deutschen Nationalbibliografie; detaillierte bibliografische Daten sind im Internet über www.dnb.de abrufbar.

© 2015 Luise Fröhlich und Jörg Fröhlich
Herstellung und Verlag: BoD – Books on Demand, Norderstedt
Umschlaggestaltung: Jörg Fröhlich
Satz und Layout: Luise Fröhlich und Jörg Fröhlich

ISBN: 9783738644784

http://minsk-potsdam.jimdo.com/
https://www.facebook.com/Das-Potsdamer-Terrassenrestaurant-Minsk-und-der-Brauhausberg-546237122200139/

Inhaltsverzeichnis

1. Einleitung	6
2. Der Brauhausberg	8
2.1 Chronik des Brauhausbergs	12
2.2 Der „Kaiser-Wilhelm-Blick" auf dem Brauhausberg	25
2.3 Von der Reichskriegsschule zum Brandenburger Landtag	30
2.4 Brauereien und Ausflugsrestaurants	34
2.5 Die Schwimmhalle am Brauhausberg	46
3. Das Terrassenrestaurant „Minsk"	56
3.1 Die Planung des Restaurants „Minsk"	60
3.2 Die Ausstattung des Terrassenrestaurants „Minsk"	73
3.3 Bunkeranlage	84
5. Die Ostmoderne und Potsdam	95
6. Nachbetrachtung	96
7. Anlagen	98
7.1 Speisekarte des Terrassenrestaurants „Minsk"	98
7.3 Illustrierter Lageplan des Brauhausberges	100
7.3 Illustrierter Lageplan des Brauhausberges	101
7.4 Brauhausberg-Chronik	102
Literaturverzeichnis	111
Abbildungsverzeichnis	114
Index	119

1. Einleitung

»Historisch ist nicht, das Alte allein festzuhalten oder zu wiederholen, dadurch würde die Historie zu Grunde gehen. Historisch handeln ist das, welches das Neue herbeiführt und wodurch die Geschichte fortgesetzt wird«[1].

„Architektur und Städtebau der 1960er und 1970er Jahre werden gegenwärtig breit und intensiv diskutiert. Ihre zunehmende Wertschätzung und die ‚Entdeckung' durch die Denkmalpflege stehen in einem regelrechten Wettlauf mit dem drohenden bzw. fortschreitenden Verlust. Vielerorts steht die Anpassung an zeitgenössische ästhetische, wirtschaftliche, technische und ökologische Standards an. Die Finanzierung hat sich amortisiert, Verschleiß und Reparaturbedürftigkeit stellen sich ein. Die Standzeit dieses Gebäudebestandes wird nun, nach dem ersten, 30 bis 50 Jahre dauernden Lebenszyklus, grundsätzlich infrage gestellt. Architekten, Ingenieure und Betriebswirtschaftler, aber auch Denkmalpfleger sind daher aufgerufen, sich mit der baulichen Überlieferung der Nachkriegsmoderne intensiv auseinanderzusetzen."[2]

---

[1] Karl Friedrich Schinkel (1781-1841), Maler, Designer und Architekt
[2] Vorwort von Hans-Rudolf Meier und Mark Escherich, In: Stadtentwicklung und Denkmalpflege Band 16, Denkmal Ost-Moderne, Aneignung und Erhaltung des baulichen Erbes der Nachkriegsmoderne, Tagungsdokumentation, Herausgeber: Mark Escherich, 256 Seiten, ISBN 978-3-86859-143-9

Das Terrassenrestaurant „Minsk" galt zu DDR-Zeiten als ein besonders beliebtes Ausflugsziel der Potsdamer und ihrer Gäste. Es wäre wenig vermessen zu behaupten, dass dies für viele Touristen und Einheimische auch heutzutage noch zutreffen könnte. Problem ist jedoch, dass seit 1990 nur noch die Außenhaut dessen übrig ist, was unter anderem das Treiben auf dem Brauhausberg mitbestimmte. Begibt man sich heute auf den Brauhausberg, thronend über der Stadt Potsdam, so bietet sich dem neutralen Betrachter ein allseitig schöner Blick auf die Stadtsilhouette, den Liebhabern der Ostmoderne jedoch ein trauriges Bild des ehemaligen Terrassenrestaurant „Minsk". Das leerstehende Restaurant ist seit Jahren der Witterung und dem Vandalismus schutzlos ausgesetzt, zum Großteil von Unkraut und Sträuchern zugewachsen und kaum noch erkennbar.

Betrachtet man dennoch diesen architektonisch einzigartigen Bau, fühlt man sich in die Vergangenheit der 1980er Jahre zurückversetzt. Blickt man sich heute am ehemaligen Restaurant um, ist nichts mehr wie es einst war. Fällt der Blick in Richtung Innenstadt strotzt der neu erbaute Landtagsschloss inmitten der Sichtachse und wird geschäftig flankiert vom Bahnhofsgelände an der rechten Seite sowie dem ehemaligen Interhotel Potsdam, dem heutigen Hotel „Mercure", linkerseits. Nur direkt auf dem Brauhausberg scheint die Welt in über 100 Jahrzehnten stehen geblieben zu sein.

In diesem Buch soll es darum gehen, die Zeitreise des Terrassenrestaurants „Minsk" von 1971 bis 2013 noch einmal zu erleben, sowie gleichzeitig die Entwicklungen rund um den Brauhausberg nachzuvollziehen. Was machte und macht den Brauhausberg zu etwas Besonderem? Warum sind die zu DDR-Zeiten erbauten Gebäude schützenswert, und wie könnten sie in das heutige landschaftliche sowie architektonische Gefüge integriert werden? Beachtenswert sind dabei vor allem auch die Debatten rund um die Frage, das alte Schwimmbad zu erneuern, oder ein gänzlich neues Spaßbad zu erbauen und zu finanzieren. Warum setzt sich die Stadt so sehr für ein neues Schwimmbad ein und lässt das Terrassenrestaurant, das nicht mal einen Steinwurf vom alten Schwimmbad entfernt ist, außen vor? Was verbirgt sich allgemein hinter der Problematik von Erhalt, Abriss und Verfall der DDR-Architektur in Potsdam? Dies sind Fragen, die uns während der Recherche für dieses Buch beschäftigten und mit Beendigung des letzten Kapitels geklärt werden sollen, sofern dies möglich ist, da die Diskussionen zu Pro und Contra noch immer aktuell sind.

2. Der Brauhausberg

Der Brauhausberg gilt mit seinen 88 Metern Höhe seit je her als Naturwahrzeichen und Pfeiler im Urstromtal, lange bevor es die Havel gab. Umgeben von der Teltower und Templiner Vorstadt liegt der Brauhausberg beinahe im Herzen Potsdams, zumindest aber als Thron an der

Stadtmitte und bietet geradewegs eine einzigartige Aussicht auf die Innenstadt. Der Berg galt demzufolge seit dem 18. Jahrhundert nicht nur als bester Ausgangspunkt für Motive der Potsdamer Stadtarchitektur und der Stadt- und Seenlandschaft Potsdams für Maler und Fotografen, sondern auch als beliebter Rastplatz und Ausflugsziel. Mit dem Brauhausberg verknüpfen viele Potsdamer noch heute wundervolle und angenehme Erinnerungen.

Abb. 1 - Blick vom Brauhausberg auf Potsdam, gemalt von Johann Friedrich Meyer, 1772, Repro: Fröhlich

Von den Einheimischen wird der Brauhausberg liebevoll „Vedutenberg" genannt. Dieser Begriff ist vom italienischen *veduta* abgeleitet und bedeutet „Ansicht" oder „Aussicht"[3]. So bezeichnen „Veduten" historische Ortsansichten und Landschaftsdarstellungen[4]. Mit dem Begriff „Vedutenberg" soll der besondere Ausblick, den man vom Brauhausberg auf die Stadt hat, betont werden und außerdem die Beliebtheit des Brauhausberges unter den Potsdamern verdeutlichen.

Die Namensgebung „Brauhausberg" erfolgte zu Beginn des 18. Jahrhunderts, im Jahre 1716 nach der Eröffnung der königlichen Brauerei, in dem ehemaligen Kurfürstlichen Kornmagazin der heutigen Leipziger Straße 7 bis 8 (verschiedentlich auch als Brauhaustraße oder auch als Wittenberger Straße bezeichnet). Mit Beginn des 16. Jahrhunderts hatte man die Berghänge mit Weinstöcken eingefasst. Aber der Weinbau wurde um 1716 eingestellt, da die Ernte dürftig war. Ab 1751 entstanden in der Schützenstraße (heutige Max-Planck-Straße) neunzehn eingeschossige Reihenhäuser für zugereiste Maurer und Zimmerleute, die Friedrich II. für den Ausbau der Stadt Potsdam benötigte. Die Handwerker mussten dabei ihre Gebäude selbst errichten und ausbauen. Sie bildeten den Kern der späteren Siedlung um die heutige Max-Planck-Straße (ehem. Schützenstraße). Diese Häuser wurden 1945 zerstört[5].

---

[3] http://de.wikipedia.org/wiki/Vedute
[4] Mehr Informationen. http://www.veduten.de/veduten.htm
[5] Tourist Stadtführer-Atlas Potsdam, von Hans-Joachim Giersberg und Hartmut Knitter, VEB Tourist Verlag Berlin/Leipzig, 5. Auflage 1985

Dominiert wird der Brauhausberg noch immer vom einstigen Reichsarchiv und Heeresarchiv, in das 1991 der Brandenburger Landtag einzog. Auch heftige Debatten um den Bau des unterhalb gelegenen Schwimmbades und den Abriss des ehemaligen Terrassenrestaurants „Minsk" haben die Aufmerksamkeit auf ihn gelenkt. In diesen Debatten ist seit **2011** vor allem die Bürgerinitiative „Pro-Brauhausberg" stark engagiert und setzt sich für den Erhalt des ursprünglichen Vedutenberges in seiner originalen Fassung ein. Weitere Initiativen folgten.

Abb. 2 - Der Blick von der Nikolaikirche über die Humboldtstraße und Lange Brücke auf den Brauhausberg und Telegrafenberg im Hintergrund, Aufnahme Fröhlich (2015)

Eine Besonderheit des Brauhaus-Geländes verbirgt sich im Inneren des Berges, wo neben den Brauerei-Katakomben ein direkt unter dem Restaurant zu DDR-Zeiten erbauter Luftschutzbunker liegt.

2.1 Chronik des Brauhausbergs

Mit dem Lesen der Chronik[6] zum Brauhausberg wird sogleich deutlich, dass der Brauhausberg auf eine geschichtsträchtige Vergangenheit zurückblicken kann. Im Folgenden werden die wichtigsten Daten und Fakten, die maßgebend für die Ereignisse des Brauhausberges waren, aufgeführt.

1515 wurde der Berg als kurfürstlicher Weinberg erstmals erwähnt, umgeben von einem Tiergarten. Wein wurde hier bis um 1700 angebaut und gekeltert. Als in Europa im Dreißigjährigen Krieg zwischen 1618 und 1648 Eroberungsfeldzüge stattfanden und die Mark Brandenburg ab 1626 zum Hauptschlachtfeld wurde, schlugen vom 8. bis 12. Mai **1631** schwedische Soldaten unter König Gustav II. Adolf[7] auf dem Brauhausberg ein Feldlager auf.

---

[6] Informationen kommen von der Internetseite http://pro-brauhausberg.de
[7] Gustav II. Adolf (* Dezember 1594 in Stockholm; † November 1632 bei Lützen) aus der Herrscherfamilie der Wasa stammend, war von 1611 bis 1632 König von Schweden und eine der wichtigsten Figuren der schwedischen Geschichte und des Dreißigjährigen Krieges. (Quelle: Wikipedia)

Abb. 3 - Blick vom Brauhausberg auf den Alten Markt von Potsdam, Aufnahme um 1910

Abb. 4 - Aussicht vom Brauhausberg auf die Stadt Potsdam, Aufnahme von 1985

Das Heer bestand aus 16000 Soldaten, die in der Stadt plünderten und brandschatzten. Der Krieg minderte die Bevölkerung drastisch. 1640 hatte Potsdam nur noch 700 Einwohner. 1660, wenige Jahre nach Ende des Dreißigjährigen Krieges, lebten in Potsdam nur noch 50 steuerpflichtige Hausbesitzer.

1683 wurde die Teltower Vorstadt mit seinem Berg von dem Kartograph Samuel Suchodolec[8] erstmals vermessen und in einer Karte dargestellt. Ein weiterer bedeutender Geograph und Kartograph war Heinrich Berghaus[9], der 1838 in der Schützenstraße (heute Max-Planck-Straße) ein Grundstück erwarb und dort am 1. April 1839 eine private „Geographische Kunstschule" zur Ausbildung von Kartographen eröffnete.

1703 richtete sich die Potsdamer Schützengilde am Osthang des Berges einen Schießplatz sowie das Restaurant „Schützenkrug" ein.[10]

---

[8] Samuel Suchodolec (* 1649 in Lublin; † 22. Februar 1727 auf Gut Alt-Rosenthal bei Rastenburg, Ostpreußen) war ein polnischer Adliger, Mathematiker, Kartograph in preußischen Diensten und Schöpfer der preußischen Militärtopografie. (Quelle: Wikipedia)

[9] Heinrich Karl Wilhelm Berghaus (* 3. Mai 1797 in Kleve; † 17. Februar 1884 in Stettin) war ein deutscher Geodät und Kartograph. (Quelle: Wikipedia)

[10] Das Krugrecht bezeichnet die Gerechtsame des vormodernen Rechts zur gewerblichen Bewirtung von Gästen in einer Gaststätte („Krug"), oft bezogen auf das Ausschenken von Wein und Bier. (Quelle: Wikipedia)

Abb. 5 - Schützenstraße mit Schützenhaus (links im Bild) am Osthang des Brauhausberges, Aufnahme von 1913

Abb. 6 - Schützenplatz mit Schützenhaus und der Saarmunder Straße, Aufnahme 1910

Abb. 7 - Brauhausberg, der Standort des ehemaligen Schützenhauses, Aufnahme Fröhlich (2015)

Abb. 8 - Anzeige aus dem „Allgemeinen Wohnungsanzeiger für die Königliche Residenzstadt Potsdam und Umgebung auf das Jahr 1874"

Nach dem Ende der Weinkultivierung im Jahr 1716 entstand aus einem früheren Kornmagazin die königliche Bierbrauerei, „Königsbrauerei" genannt. Damit erhielt die Erhebung ihren heutigen Namen „Brauhausberg". Für den An- und Abtransport ließ der König zum Berg eine Landstraße anlegen, die 1804 zu einer Chaussee erweitert wurde.

1804 ließ der preußische König Friedrich Wilhelm III.[11] auf dem Gipfel des Brauhausberges für seine Gemahlin Königin Luise ein Belvedere in Form eines englisch-gotischen Turmes errichten. Es enthielt in drei Etagen verschiedene Zimmer mit Teestube und am Obergeschoss eine Aussichtsplattform[12]. Potsdam hatte eine neue Attraktion - das Belvedere auf dem Brauhausberg. Die Baupläne stammten vom Baumeister Andreas Ludwig Krüger[13].

---

[11] Friedrich Wilhelm III., König (* 3. August 1770, Potsdam - † 7. Juni 1840, Berlin) - gehörte dem Adelshaus der Hohenzollern an, war seit 1797 König von Preußen und als Markgraf von Brandenburg zudem Kurfürst und Erzkämmerer des Heiligen Römischen Reiches bis zu dessen Auflösung im Jahre 1806. (Quelle: Wikipedia)
[12] Die Residenzstadt Potsdam – Berichte und Bilder. Hrsg. Martin Hürlimann unter Mitarbeit von Paul Ortwin Rave. Atlantis Verlag GmbH Berlin, 1933
[13] Andreas Ludwig Krüger (* 17. Januar 1743 in Potsdam; † 15. Juni 1822 in Berlin) war ein deutscher Architekt und Kupferstecher. (Quelle: Wikipedia)

Abb. 9 - Das Belvedere auf dem Brauhausberg, Verlag H.P. No. 25, Aufnahme um 1910

Abb. 10 - Der Standort des ehemaligen Belvederes auf dem Brauhausberg von 1804, Aufnahme Fröhlich (2015)

Abb. 11 - Auf dem Gelände des ehemaligen Brandenburger Landtages sind vermutliche Reste des einstigen Belvedere zu erahnen, Aufnahme Fröhlich (2015)

1828 bezeichnete der Potsdamer Naturforscher Alexander von Humboldt[14] dieses Juwel als „landschaftliches Gemälde, das die Gegend von Potsdam auf jenem Höhepunkte panoramaartig entwickelt". In der Zeit von Napoleons Eroberungsfeldzügen durch Europa errichteten Bürger und Landsturmleute auf dem Brauhausberg das Zentrum einer Schanzenanlage, die auch Teile der Teltower Vorstadt umfasste. Napoleon besetzte die Stadt am 24. Oktober **1806**, doch Kämpfe sind nicht überliefert. Ein gutes Jahrhundert nach Eröffnung der Königsbrauerei ließen sich die Braumeister Adelung und Hoffmann ganz in der Nähe eine eigene Brauerei errichten und produzierten ab 1829 das mittlerweile berühmte Potsdamer Stangenbier.

Familie Hoffmann erwarb das Kolonistenhaus in der damaligen Schützenstraße 2 (heute: Max-Planck-Straße) und bauten es zu einer Ausflugsgaststätte um. Unter dem Namen „Wackermannshöhe" wurde die Gaststätte 1851 eröffnet und die Gäste erhielten hier frisch gebrautes und gezapftes Stangenbier. Danach entstanden immer neue Wohngebäude am Brauhausberg, so ein Pavillon im Stil eines antiken Tempels, der 1873 eingeweiht wurde. In der Nähe des Belvedere wurde von **1899 bis 1902** nach Plänen von Franz Schwechten[15] die neue Kriegsschule (spätere Reichs-

---

[14] Friedrich Wilhelm Heinrich Alexander von Humboldt (* 14. September 1769, Berlin - † 6. Mai 1859, Berlin), war ein deutscher Naturforscher mit weit über Europa hinausreichendem Wirkungsfeld. (Quelle: Wikipedia)

[15] Franz Heinrich Schwechten (* 1841 in Köln, † 1924), Architekt, studierte seit 1861 an der Berliner Bauakademie, wurde 1871 Chefarchitekt der Berlin-Anhalter Bahn, baute u.a. die heute zerstörte Philharmonie in Kreuzberg, ein AEG-Fabrikgebäude in Wedding und die Schultheiss-Brauerei in Prenzlauer Berg, die Apostel-Paulus-Kirche in Schöneberg, die St. Simeonkirche in Kreuzberg und die

kriegsschule, Reichsarchiv, Heeresarchiv, SED-Bezirksleitung und Brandenburger Landtag) erbaut. Bald machte sich für die stetig gewachsene Anlage eine größere Umgehungsstraße der inzwischen ausgedehnten Besiedlung des Gebietes um den Brauhausberg erforderlich. Deren Bau wurde 1927 begonnen. Hinzu kam **1930** die Verlegung einer Straßenbahnlinie vom Brauhausberg zum Potsdamer Stadtzentrum. Bis 1935 entstand eine weitere Neubausiedlung um den Schützenplatz sowie ein Kino mit 700 Plätzen nach Entwürfen von Heinrich Laurenz Dietz[16]. Der Unternehmer Fritz Staar[17] betrieb mehrere Kinos in Potsdam, so übernahm er 1932 etwa die „Alhambra-Lichtspiele" in der Französischen Straße 7 bis 8, das bis 1939 das größte Kino der Stadt war.

Nazarethkirche in Neukölln. Sein Hauptwerk ist die 1895 in Charlottenburg eröffnete Kaiser-Wilhelm-Gedächtnis-Kirche. 1897 wurde der Grunewaldturm fertig gestellt. 1914 wurde Schwechten Präsident der Akademie der Künste. 1924 starb er in Berlin. (sh. Berlin.de)

[16] Heinrich Laurenz Dietz (* 5. November 1888 in Mainz, † 24. März 1942 in Narva) ein deutscher Architekt der Moderne im Wandel zum Traditionalismus. Mit Machtergreifung Hitlers 1933 trat Dietz in die NSDAP ein. Er wurde Stadtrat unter dem Bürgermeister Hans Friedrichs. Seit Ende der 1930er Jahre arbeitete Dietz mit dem Architekten Hermann Karpenstein zusammen. Karpenstein war bekannt für seine SA-Tätigkeit. Dietz' Bauwerke zeigten zu dieser Zeit den Wandel von der Moderne zum Traditionalismus entsprechend der nationalsozialistischen Architekturauffassung. Das Dietz' Wohnhaus, das schlicht als ‚Haus Dietz' bezeichnet wird, in der Kurfürstenstraße 24/25 stammt von ihm. Diese Turmvilla, war ein typisches Beispiel für die klassische Moderne und wurde fast ausschließlich aus Holz errichtet und beeindruckt durch klare Linien. Wegen schwerer Bauschäden vor allem am Fundament wurde die Villa 1980er Jahren abgetragen und auf neuen Fundamenten originalgetreu wieder aufgebaut. Die Villa steht eigentlich seit 1977 unter Denkmalsschutz. Dennoch wurde es vom privaten Besitzer abgerissen, um für Neubauten Platz zu schaffen.

[17] Fritz Staar (* 16. Mai 1877, † ca. 1957?) war ein Kinounternehmer aus Berlin-Wilmersdorf, der eine Reihe von Kinos in Wilmersdorf, Neukölln, Zehlendorf, Schöneberg und Potsdam betrieb. Seit 1909 war er in der Kinobranche tätig. In Verbindung mit dem Namen Fritz Staar taucht auch der Name Friedrich Staar als Kinobesitzer auf. Am 26. März 1929 wurde in Potsdam die Vereinigung sämtlicher Potsdamer Kinotheater unter der Direktion Staar bekanntgegeben. Die Fritz Staar Filmtheaterbetriebe wurden ab 1957 von Eva Staar geführt, ab 1962 von Eva u. Ingeborg Staar. Schon 1920 war Fritz Staar Inhaber der Residenz-Lichtspiele in Potsdam.

Abb. 12 - Das ehemalige Kino „Bergtheater" in der Leipziger Straße 73-74 unterhalb der Schwimmhalle, Aufnahme um 1940

Darüber hinaus gehörten ihm seit **1924** die „Residenz-Lichtspiele" (in der DDR auch als Kino „Melodie" bekannt) in der Nauener Straße 40 (heute Friedrich-Ebert-Straße 12) und seit 1929 die Lichtspiele „Zum Obelisk" in der Hohenzollernstraße 27 (heute Schopenhauerstraße) sowie seit 1934 die „Charlott-Lichtspiele" in der Luisenstraße 37 (Zeppelinstraße) mit 500 Plätzen gegenüber des Bahnhofs Charlottenhof, die hinzukamen[18].

---

[18] Sh. http://filmtheater.square7.ch/wiki/index.php?title=Brandenburg

Überdies baute er noch während des Krieges, **1940**, das modernste Kino der Zeit – das „Bergtheater" am Brauhausberg in der Leipziger Straße 73/74 am Leipziger Dreieck, das beim Luftangriff auf Potsdam am 14. April 1945 zerstört wurde[19]. Es befand sich auf halber Höhe zwischen der Leipziger Straße und der alten heutigen Schwimmhalle. Die Kinos im Zentrum und in Potsdam-West waren für die Bewohner der Südstadt zu weit entfernt. Als das Haus im Dezember 1940 den Spielbetrieb aufnahm, erschienen dazu mehrseitige Berichte in den Potsdamer Tageszeitungen: „Hier ist ein Lichtspielhaus entstanden, das an Größe und Schönheit den Berliner Filmpalästen ebenbürtig an die Seite gestellt werden kann, sie jedoch durch erlesenen Geschmack und allerneueste technische Einrichtungen sogar noch überflügelt." Ausgestattet war das Kino mit Klimaanlage und Luftschutzräumen.

Der Kern des Brauhausberges ist das Gebäude der ehemaligen Reichskriegsschule (1902-1914, nach Auflösung der Kriegsschule 1914, bis 1919 unterschiedliche Nutzung), des Reichsarchivs (1919-1945) und des Heeresarchivs (1935-1945), des Landtages von Brandenburg (1946-1952), der Bezirksleitung der SED (1952-1990) und zuletzt wieder des Landtages Brandenburgs (1990-2013). An der Turmfassade sind noch heute die

---

[19] Die Nacht von Potsdam Sondereinband, von Hans-Werner Mihan, 1997

Umrisse des SED-Parteisymbols zu erkennen, die auf die Nutzung der SED-Bezirksleitung bis 1990 verweisen.

Zum Ende des Zweiten Weltkriegs, mit dem Bombardement der Royal Air Force am 14. April **1945**, trugen große Teile der Bebauung am Brauhausberg große Schäden davon. So büßte das Reichsarchiv und das Heeresarchiv dabei mehr als die Hälfte seiner Akten-Bestände ein.

Bereits im Jahr 1946 hatte die neue Stadtverwaltung in Abstimmung mit der sowjetischen Besatzungsmacht den Bau eines Denkmals für die Opfer des Faschismus an diesem Berg beschlossen, für das am 27. Oktober 1946 der Grundstein gelegt wurde. Das Denkmal wurde jedoch nie fertig gestellt.

Um **1950** begann die großflächige Enttrümmerung der Kriegsschäden sowie die anschließende provisorische Wiederherstellung der beschädigten Teile des Schulkomplexes, der zur Zentralverwaltung der SED-Kreisleitung Potsdam wurde und bis zur Wende in der Funktion erhalten blieb. Weite Teile des Berges blieben brach liegen.

1968 nahm auf einem größeren Platz am Brauhausberg eine Anlage für die Zerkleinerung der Ruinenteile der Potsdamer Garnisonkirche ihren Betrieb auf.

Zwischen **1969 und 1971** wurde am nördlichen Brauhaushang eine Schwimmhalle gebaut. Im gleichen Jahr eröffnete das Terrassenrestaurant „Minsk" mit vorgelagerten Wasserspielen, das nach einem Masterplan von 2010 abgerissen werden sollte, sofern sich kein Investor für den Erhalt finden lässt. Dem Landessportbund (LSB) als potentiellen Finanzier mit einem Kindergarten-Konzept sagte die Stadtverwaltung mit dem Grund ab, dass kein weiterer Bedarf an Kindergärten bestehe.

1991 zog in den denkmalgeschützten Gebäudekomplex auf dem Brauhausberg nach entsprechenden Umbauarbeiten der Brandenburger Landtag ein, der dort bis zum Umzug in das Potsdamer Stadtschloss 2013/2014, seinen Sitz hatte.

Für das gesamte Gebiet entwickelte die Potsdamer Stadtverwaltung um **2001** einen Gestaltungsplan, der nach folgenden Änderungen zu einem Masterplan 2010 den Verkauf etlicher Grundstücke am Berg und eine umfangreiche Bebauung vorsieht, was dagegen bei den Bewohnern mehrheitlich auf Kritik stößt. Der Verein „Pro Brauhausberg", als Bürgerinitiative gegründet, um die Entwicklung des Bereiches bürgerfreundlich mitgestalten zu können, forderte mit Stand vom Januar 2012, die Freiflächen am Brauhausberg „wieder zu einem gestalteten Landschaftsraum mit einzelnen prägnanten Bauten zu entwickeln, die einen öffentlichen, gesamtstädtischen Nutzen haben". Der Verein lud dazu Fachleute, Politiker und interessierte Bürger zu einer öffentlichen Ideenwerkstatt im November 2011 ein. Der Neubau des Sport- und Freizeitbades am Fuße des Brauhausbergs ist heute, Ende 2015, in vollem Gang. Ende 2016 sollen die Bauarbeiten beendet sein und das Bad eröffnet werden.

Wo jetzt noch acht 50-Meter-Bahnen auf Freizeitkrauler warten, werden möglicherweise gut ein Dutzend Villen stehen. Auch hier auf dem Hang, wo reichlich Ahornbäume, Robinien und Kastanien wachsen, sollen Häuser erstehen. Der Potsdamer Stadtplaner Steffen Pfrogner will den Hang lieber freihalten und hat sich in der Bürgerinitiative „Pro Brauhausberg" engagiert. Einen Bürgerpark will er hier erhalten und spricht sogar vom „Hausberg der Stadt", der ein nahes Ausflugsziel für die Potsdamer bleiben soll. Doch es bahnt sich noch eine Veränderung an: Noch im November **2015** sollten etwa 300 bis 500 Flüchtlinge im Gebäude des alten Landtages unterkommen. Diese Nutzung wäre zunächst auf zwei Jahre befristet.

2.2 Der „Kaiser-Wilhelm-Blick" auf dem Brauhausberg

Die Templiner Vorstadt mit ihren markanten Wahrzeichen Brauhausberg und Speicherstadt sollte nach intensiven Bemühungen von Stadtverordneten, insbesondere des SPD-Fraktionschefs Schubert (SPD), nach historischem Vorbild entwickelt werden. Dazu legte er 2007 ein Konzept mit Schwerpunkten jener Potsdamer Stadtentwicklung dem Parlament vor. Darin heißt es, dass das Stadtgebiet seit Ende des Zweiten Weltkriegs sträflich vernachlässigt worden sei. „Damit klaffe seit Jahrzehnten eine

Lücke zwischen Altstadt und den ‚Vorstädten' im Süden."[20] Das umliegende Gebiet des Zentrums der Stadt Potsdam bietet den Potsdamern viel Potential für Freizeit und Erholung. Mit dem Konzept geht es Schubert vor allem um die Wiederherstellung des historischen Zustands am und auf dem Brauhausberg, sowie in der Speicherstadt am Ufer der Havel. Die Finanzierung soll durch den Verkauf von städtischen Grundstücken am westlichen Brauhausberg – dort sei schon früher eine Villenkolonie vorgesehen gewesen, realisiert werden.

Der Brauhausberg galt als beliebtes Ausflugziel der Potsdamer und seiner Gäste, da man von hier eine der besten Aussichten auf die Stadt einfangen konnte. Von der historischen Aussichtsplattform mit dem beliebten „Kaiser-Wilhelm-Blick", die 1902 errichtet wurde, konnte man die Heilig-Geist-Kirche, den Alten Markt, die Nikolaikirche, das Stadtschloss, die Kuppel des Neuen Palais sehen. Die zweite Sichtachse des „Kaiser-Wilhelm-Blicks", die sich von der historischen, steinernen Bank aus bietet, soll ebenfalls in das touristische Wegeleitsystem aufgenommen werden. Damit die Ausblicke erhalten bleiben, dürften Neubauten in der Speicherstadt nicht höher sein als die bestehenden Gebäude. Auch die gastronomische Tradition auf dem Brauhausberg sollte nach Anträgen von Schubert wiederbelebt werden.

---

[20] PNN, „Lückenschluss am Brauhausberg", 04.08.2007, von Sabine Schicketanz

Abb. 13 - Die zweite Sichtachse des „Kaiser-Wilhelm-Blick" mit der steinernen Bank, Aufnahme Fröhlich (2015)

Abb. 14 - Blick auf Potsdam-West mit Sanssouci und der Kuppel des Neuen Palais, Aufnahme Fröhlich (2015)

Das einstige Ausflugslokal „Wackermannshöhe", das 1923 geschlossen wurde, sollte zur Attraktivitätssteigerung des Brauhausberges ebenfalls wiederbelebt werden. „Bis Anfang 2008, so der Antrag für die Stadtverordnetenversammlung, soll Oberbürgermeister Jann Jakobs (SPD) nun mit dem heutigen Eigentümer Gespräche über eine Neueröffnung des Restaurants führen."[21] Die älteste Attraktion auf dem Brauhausberg, das Belvedere, wurde 1953 abgerissen. Auch hierfür wollte Schubert Bedingungen für einen Wiederaufbau sichern. „Das Areal, auf dem das Belvedere einst stand, sollte nicht bebaut werden. Das soll die Stadt mit den Grundstückseigentümern, dem Land und der Schlösserstiftung vereinbaren."[22] Tatsächlich wurden 2008 Mittel von den Potsdamer Stadtwerken bereitgestellt, um diese anziehende Aussichtsplattform wieder zugänglich zu machen. Die Plattform wird heute durch eine Natursteinmauer begrenzt.

Der Aussichtspunkt „Kaiser-Wilhelm-Blick" mit dem Gedenkstein und seiner Tafel ist ein jederzeit zu empfehlendes Ausflugsziel für Potsdamer und Touristen. Allerdings lässt die Sauberkeit an diesem Aussichtspunkt zu wünschen übrig.

---

[21] PNN, „Lückenschluss am Brauhausberg", 04.08.2007, von Sabine Schicketanz
[22] ebenda

Abb. 15 - Gedenkstein mit Gedenktafel für die Plattform des „Kaiser-Wilhelm-Blick", Aufnahme Fröhlich (2015)

2.3 Von der Reichskriegsschule zum Brandenburger Landtag

Im Jahre 1899 ließ Kaiser Wilhelm II.[23] eine neue Kriegsschule (Königlich-Preußische) in Potsdam errichten. Baumeister war Franz Schwechten, der in Berlin zuvor die heutige Kulturbrauerei (Prenzlauer Berg) und den Grunewaldturm plante. 1902 zogen die ersten Fähnriche auf dem Brauhausberg ein, um die „Kunst" der Kriegsführung zu erlernen. Die spätere Gründung eines Reichsarchivs in Deutschland war die Folge des Versailler Vertrags, der das Ende des Ersten Weltkrieges und den damit verordneten Abbau der militärischen Streitkräfte des Deutschen Reiches verordnete. Das Reichsarchiv als erstes deutsches Zentralarchiv wurde 1919 in Potsdam gegründet. Es besaß die Zuständigkeit für die Aktenüberlieferung der ab 1867 entstandenen Heeres-Dokumente und die der zentralen Reichsbehörden. 1925 wurde dem Reichsarchiv die Abteilung Frankfurt a. Main mit den Beständen des Reichskammergerichts (1495-1806), des Deutschen Bundes (1815-66) und der Frankfurter Nationalversammlung (1848/49) angegliedert. Die 1924 eingerichtete „Kriegsgeschichtliche Abteilung" gehörte bis 1935 zum Reichsarchiv. Der Architekt Fritz Schopohl[24] baute 1935 die Kriegsschule in Potsdam zum Heeresarchiv um.

---

[23] Wilhelm II., Deutscher Kaiser, Friedrich Wilhelm Viktor Albert von Preußen (* 27. Januar 1859, Berlin – † 4. Juni 1941, Doorn, Niederlande, entstammte der Dynastie der Hohenzollern und war von 1888 bis 1918 letzter Deutscher Kaiser und König von Preußen. (Quelle: Wikipedia)

[24] Fritz Schopohl (* 21. Mai 1879; † 1948) war Architekt. In den Jahren zwischen 1910 und 1939 errichtete er vor allem Wohnhäuser in sachlich schmuckloser Formensprache. Er kann der so genannten „konservativen Moderne" (vgl. Paul Schmitthenner, Heinrich Tessenow, Paul Bonatz) zugerechnet werden. (http:// www.enzyklo.de / Begriff / Fritz%20Schopohl)

Das Heeresarchiv wurde 1936 ausgegliedert, verblieb aber in dem Gebäude auf dem Brauhausberg. Erster Präsident des Reichsarchivs wurde Generalmajor Hermann Ritter Merz von Quirnheim (1919-1931)[25]. Sein Sohn Albrecht (1905-1944)[26] wurde als Oberst und Widerstandskämpfer am 21. Juli 1944 erschossen. Der Vater Hermann wurde von der Gestapo in Sippenhaft genommen. Ihm folgte als zweiter Präsident des Reichsarchivs Generalmajor Hans von Haeften (1931-1935)[27]. Auch seine beiden Söhne Hans Bernd (1905-1944)[28] und Werner (1908-1944)[29] waren Widerstandskämpfer des 20. Juli 1944. Hans Bernd von Haeften, als Adjutant von Stauffenberg, wurde am 15. August 1944 zum Tode verurteilt und am selben Tag hingerichtet. Werner von Haeften wurde zusammen mit Albrecht Ritter Merz von Quirnheim am 21. Juli 1944 erschossen. Hier auf dem Brauhausberg gibt es Spuren des militärischen Widerstandes in der Zeit des Nationalsozialismus vom 20. Juli 1944, Spuren zu Hitler-Attentätern.

---

[25] Christoph Emanuel Hermann Ritter Mertz von Quirnheim (* 23. Juli 1866 in Ansbach; † 5. Januar 1947 in Blankenburg) war deutscher Offizier, zuletzt Generalleutnant sowie von 1919 bis 1931 Präsident des Reichsarchivs. (Quelle: Wikipedia)

[26] Albrecht Ritter Mertz von Quirnheim (* 25. März 1905 in München; † 21. Juli 1944 in Berlin) war deutscher Offizier, Widerstandskämpfer gegen den Nationalsozialismus und gehörte zum engsten Kreis um Claus Schenk Graf von Stauffenberg beim Attentat vom 20. Juli 1944. (Quelle: Wikipedia)

[27] Hans Maximilian Gustav von Haeften (* 13. Juni 1870 auf Gut Fürstenberg bei Xanten; † 9. Juni 1937 in Gotha) war ein deutscher Generalmajor und von 1931 bis 1935 Präsident des Reichsarchivs in Potsdam. (Quelle: Wikipedia)

[28] Hans Bernd August Gustav von Haeften (* 18. Dezember 1905 in Charlottenburg; † 15. August 1944 in Berlin-Plötzensee) war deutscher Diplomat und Widerstandskämpfer gegen den Nationalsozialismus. (Quelle: Wikipedia)

[29] Werner Karl von Haeften (* 9. Oktober 1908 in Berlin; † 21. Juli 1944 Berlin-Tiergarten) war ein deutscher Jurist, Offizier und Widerstandskämpfer gegen den Nationalsozialismus. (Quelle: Wikipedia)

Abb. 16 - Ansicht der Kriegsschule, von Schwechten erbaut und fertig gestellt 1902, Aufnahme von 1908

Abb. 17 - Der Baukomplex des Architekten Fritz Schopohl, zuletzt Sitz des Brandenburger Landtages, Aufnahme Fröhlich (2014)

Im Laufe der Jahre 1944 und 1945, vor allem aber in der Nacht vom 14. auf den 15. April 1945, erlitten auch die Archive durch den schweren Bombenangriff der britischen Royal Air Force auf die Stadt Potsdam bittere Aktenverluste, das Gebäude wurde stark zerstört. Um 1950 wurde mit Enttrümmerungs- bzw. Aufbauarbeiten begonnen. Als Nachfolger des Reichsarchivs gilt für die DDR das 1946 in Potsdam gegründete Deutsche Zentralarchiv, das 1973 in „Zentrales Staatsarchiv der DDR" umbenannt und am 3.Oktober 1990 mit dem Bundesarchiv vereinigt wurde. Die Restbestände des Reichsarchivs befinden sich seit 1996 in der Dienststelle Berlin-Lichterfelde des Bundesarchivs und die Restüberlieferung des Heeresarchivs für die Zeit bis 1866 befindet sich im Geheimen Staatsarchiv Preußischer Kulturbesitz in Berlin-Dahlem und ab 1867 dann ebenfalls wieder im Bundesarchiv.

Seit 1952 residierte die SED-Bezirksleitung Potsdam in dem Gebäude – hoch über dem Volk und hermetisch abgeriegelt. Selbst zu Jugendweihefeiern im großen Saal, den später Brandenburgs Landtag als Plenum nutzte, waren nur ausgewählte Gäste geduldet. Am Turm strotzte groß das SED-Emblem, das wegen der Statik nie vollständig entfernt werden konnte. Aus der SED-Zeit rührt der Spitzname „Kreml" für dieses Gebäude,[30] in Anlehnung an den Moskauer Kreml, dem Sitz der sowjetischen Staatsmacht.

---

[30] Berliner Zeitung; Von der Kriegsschule des Kaisers zum Kreml, von Gerold Büchner; 22.11.2013

2.4 Brauereien und Ausflugsrestaurants

Der Brauhausberg wurde anfangs wirtschaftlich als reiner Weinberg genutzt. Bis zum Beginn des 18. Jahrhunderts kultivierte man dort Wein. Der Name „Brauhausberg" deutet nun aber doch darauf hin, dass das Bierbrauen danach in den Vordergrund rückte.

Am Anfang der Leipziger Straße Nr. 7 bis 9, westlich daneben liegend die Havel, wurde 1688 ein Kornmagazin für das Proviantamt errichtet. Mit dem Jahr **1716** wurde der bestehende Speicher dieses Kornmagazins als „Königliche Brauerei" umgebaut. Damit lösten die Brauer die einstigen Winzer ab. Somit gaben die Brauereien der Anhöhe ihren heutigen Namen „Brauhausberg". **1829** übernahmen die Potsdamer Braumeister Adelung und Hoffmann die „Königliche Brauerei" und gründeten eine „Bayerische Bier-Brauerei". Den Standort für ihre Brauerei wählten sie mit Bedacht. Die Hanglage ermöglichte den Bau tief in den Boden reichender Kellergewölbe. Deren gleichbleibende kühle Temperatur war für den Gärprozess des Biers notwendig. Die Brauereiinhaber ließen im Berg unterirdische Gewölbe ausheben und mit Klinkerstein ausbauen, um diese Gänge und Aushöhlungen als Lagerräume und Eiskeller für die

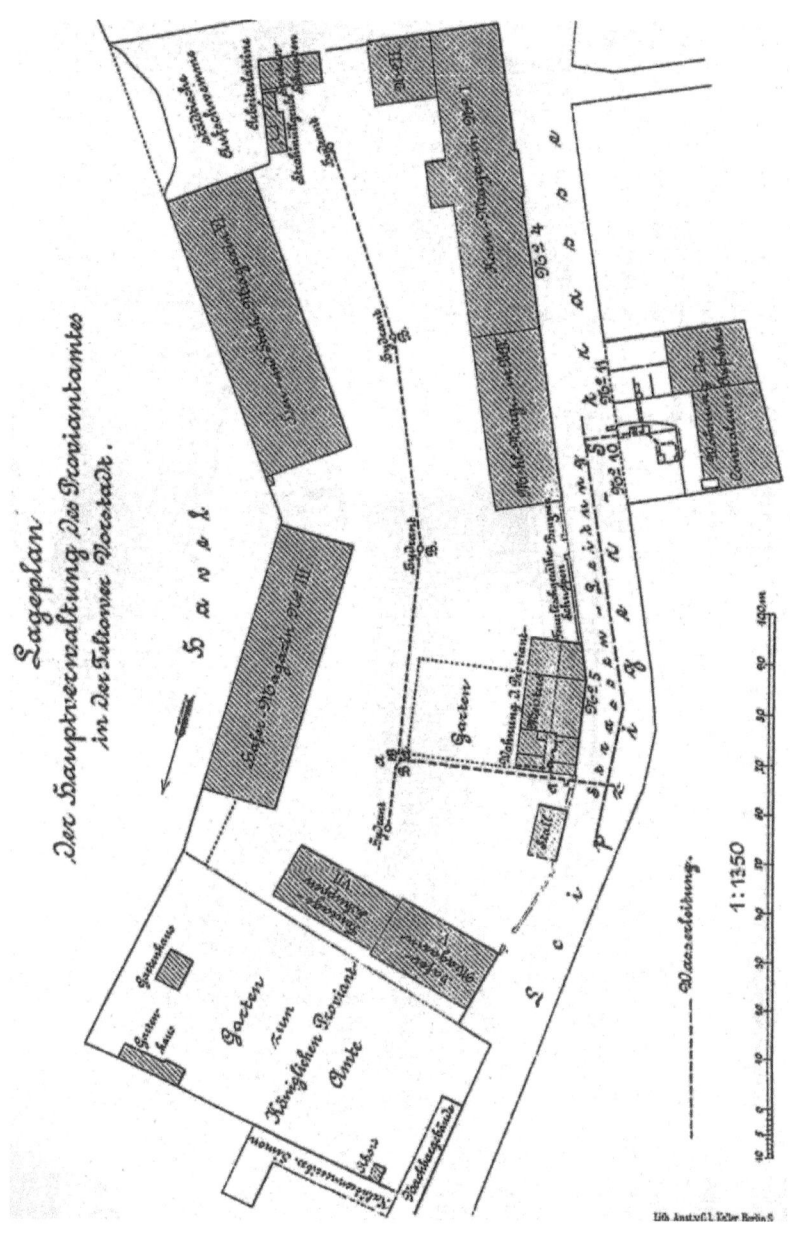

Abb. 18 - Lageplan des Proviantamtes an der Leipziger Straße, Skizze entstand um 1900

Brauereierzeugnisse nutzen zu können. Sie entwarfen das nach neuem Rezept hergestellte prickelnde Potsdamer „Stangenbier"[31]. Diese beliebte Bierspezialität wurde in hohen Gläsern, dem „Stangen", serviert – daher die Namensgebung. Das erfrischende Geheimnis bestand in einer fein ausgewogenen Mischung als Lagerbier und Kräusenbier[32], also Jungbier, die der runden Reife den prickelnden Charakter verliehen und damit sogar der Verdauung des Genießers auf die Sprünge halfen. Ab **1834** konnte mit dem Ausbau des Kornmagazins in dem alten Brauereigebäude begonnen werden, aus dem dann die Speicherstadt entstand.

Auf Wunsch Friedrich Wilhelms IV.[33] wurde die gesamte Anlage im Jahr **1844** von Ludwig Persius[34] im normannischen Burgenstil umgebaut. Aus der Zeit der Romantik stammt auch die Fassadenplastik des Gambrinus, welche einen sagenhaften flandrischen König (ein Zeitgenosse Karls des Großen) darstellt, der als Schutzherr der Brauer gilt. Gambrinus, legendärer König, wurde als Erfinder des Bierbrauens angesehen. Er ist jedoch

---

[31] Die Potsdamer Stange ist eine traditionelle Potsdamer Biermarke, die nach dem schlanken, stangenförmigen Bierglas benannt wurde. Beschrieben wurde das Bier als alkoholreiches, in der Flasche weiter gärendes, stark schäumendes bairisches Bitterbier. (Quelle: Wikipedia)

[32] Kräusenbier ist fertig vergorenes Bier, dem nach der Reifung und Filterung eine definierte Menge dieser Bierwürze zugegeben wird. Daraufhin findet eine kurze zweite Gärung statt. Ein Teil der Hefe bleibt im Bier und wird nicht herausgefiltert. Kräusenbier wird unfiltriert *bzw.* naturtrüb abgefüllt. (http://aktiongutesbier.de)

[33] Friedrich Wilhelm IV. (* 15. Oktober 1795 in Berlin; † 2. Januar 1861 in Potsdam) aus dem Haus Hohenzollern war von 1840 bis 1861 König von Preußen. Er war der älteste Sohn König Friedrich Wilhelms III., dem er auf dem Thron folgte, und der Königin Luise. Eine besondere Rolle fiel Friedrich Wilhelm während der Revolution von 1848 zu, als er die von der Frankfurter Nationalversammlung angebotene Kaiserkrone ablehnte. Aus gesundheitlichen Gründen übergab er am 7. Oktober 1858 nach 18 Regierungsjahren die Regentschaft an seinen jüngeren Bruder Wilhelm. (sh. Wikipedia)

[34] Ludwig Persius (* 15. Februar 1803, Potsdam; † 12. Juli 1845, Potsdam) war preußischer Architekt und Schüler von Karl Friedrich Schinkel. Persius assistierte Schinkel u.a. beim Bau von Schloss Charlottenhof und den Römischen Bädern im Park Sanssouci in Potsdam. (sh. Wikipedia)

nicht der Schutzheilige der Brauer, dies ist Arnulf von Metz (St. Arnold oder alternativ Arnold von Soissons). In der Literatur uns bildender Kunst wird Gambrinus als Gegenstück zu dem Weingott Bacchus dargestellt.[35] Oberhalb der Schützenstraße (heute: Am Havelblick 5) befand sich das beliebte Ausflugsrestaurant „Wackermannshöhe" mit einem Biergarten. Etwas unterhalb in der Schützenstraße (heute: Max-Planck-Straße) lag die erste Potsdamer Tanzdiele „Petershöhe" mit einem zweiten Straßenzugang. In einem Inserat von 1882 pries der Gastwirt sein Restaurant „Petershöhe" wie folgt an: „Mit schattigem Garten, Tanzdiele und Saal ausgestattet und das sowohl von der Leipziger Straße 28 als auch von der Schützenstraße 5 erreichbar".

1851 verkaufte die Witwe Wackermann das Grundstück mit dem Kolonistenhaus in der Schützenstraße Nr.2 an Paul Hoffmann, dem Inhaber der Adelung-&-Hoffmann-Brauerei. In der Folgezeit entstand hier die bekannte Terrassengaststätte „Wackermannshöhe", in der die Brauerei das vor Ort gebraute Potsdamer Stangenbier ausschenkte. Im Jahr 1923 wurde die Gaststätte geschlossen und teilweise noch vor dem Zweiten Weltkrieg zurückgebaut. Das übrig gebliebene Bestandsgebäude der „Wackermannshöhe" war bis 2014 ein Wohnhaus. Es wurde etwa zwischen 1910 und 1930 für Wohnzwecke umgebaut und erhielt das heutige Aussehen.

---

[35] Carl Brinitzer: Bacchus, Gambrinus und Co, Ullstein, 1972.

Abb. 19 - Höhengaststätte „Wackermannshöhe" mit der Kriegsschule im Hintergrund, Aufnahme um 1910

Abb. 20 - Das Restaurant „Wackermannshöhe", Inhaber: A. Kremer, Aufnahme 1915

Abb. 21 - Reste der „Wackermannshöhe", diente bis 2015 als Wohnhaus, Aufnahme Fröhlich (2013)

Abb. 22 - Am Havelblick 5 - die ehemalige Höhengaststätte „Wackermannshöhe", Aufnahme Fröhlich (2013)

Abb. 23 - Ein Blick auf die ehemalige Gaststätte „Wackermannshöhe" und dem einstigen Wohnhaus, Aufnahme Fröhlich (2015)

Diese Villa in Traumlage und mit Havelblick am Nordwesthang des Brauhausberges wird derzeit umfassend saniert und umgestaltet. Neun Wohnungen zwischen 68 und 120 Quadratmetern mit umfangreichen Freiflächen als Gemeinschaftsgärten sollen hier entstehen. Außerdem geplant ist ein Neubau mit sechs Wohnungen mit jeweils drei Etagen.

Etwas entfernt von der „Königsbrauerei" gründeten die Gebrüder Hoffmann um **1865** ein erfolgreiches Brauhaus am heutigen Leipziger Dreieck. Das in der Albert-Einstein-Straße (ehemals: Luckenwalder Straße) ansässige Unternehmen lief zuerst unter dem Namen „Brauerei Gebrüder Hoffmann" bis es 1896 (evtl. sogar schon 1887) von der „Vereinsbrauerei Rixdorf" übernommen wurde.

Abb. 24 - Die Erste Potsdamer Tanzdiele „Petershöhe" befand sich in der Leipziger Straße 28, die auch einen Zugang von der Schützenstraße 5 (heute Max-Planck-Straße) hatte. Kunstverlag J. Goldiner Berlin, Aufnahme um 1930

Abb. 25 - Das Restaurant „Petershöhe" mit dem Zugang von der Leipziger Straße 28. Inhaber V. Bormkam, Aufnahme um 1930

1910 nahm die Brauerei den Namen ihres erfolgreichsten Bierproduktes an: „Berliner Kindl". Der größte Potsdamer Bierproduzent am Brauhausberg hieß folglich „Berliner Kindl Brauerei AG, Abteilung II Potsdam" – allerdings nur bis 1945. Von **1946 bis 1990** wurde die Brauerei als Volkseigener Betrieb unter dem Namen „VEB Brauerei Potsdam" betrieben. Interessanterweise nutzte die sozialistische Produktionsstätte schon bald einen Monarchen von Gottes Gnaden als Zugpferd für eines ihrer Produkte: Friedrich der Große prangte aus dem Logo des am Brauhausberg produzierten Rex-Pils. Damit sollte an die königlich-preußische Braukultur angeknüpft werden. Nach der Wiedervereinigung schloss sich der Kreis und die Brauerei ging **1997** wieder unter das Dach der Berliner-Kindl-Gruppe.

Abb. 26 - Etikett für das „REX-Pils" des VEB Brauerei Potsdam, vor 1990

Gebraut wurde in den denkmalgeschützten, historischen Gemäuern am Brauhausberg noch bis Dezember **2002**. Danach wurde der Standort geschlossen und die Brauerei ist ins Gewerbegebiet Potsdam-Süd in die Straße „An der Brauerei" umgezogen. Die „Vistas Real Estate GmbH" (kurz: Real Estate) kaufte die Brauerei, womit sie bis **2008** zur Radeberger-Gruppe gehörte. Die Real Estate beabsichtigte damals den Weiterverkauf an einen Interessenten, der das Grundstück für eine gemischte Nutzung als Wohnraum und für technische Gewerbe plante.

Bei der Planung wurde auch ein Vorschlag der SPD von der Real Estate abgelehnt, die im selben Jahr obdachlos gewordenen Jugendclubs „Spartacus" und „S13" aufzunehmen. Und das obwohl Teile der Brauerei bereits von einem anderen Interessenten (ein halbes Jahr zuvor) als Künstlerateliers ausgebaut werden sollten und bereits als Partystätte genutzt wurden. Zudem hatten auch rund 30 Nutzer des Künstler- und Gründerzentrums „Puschkin", am Pfingstberg, ernsthaftes Interesse an den Räumen bekundet, da sie ebenfalls ihr bisheriges Domizil in der früheren Kfz-Zulassungsstelle in der Puschkinallee Nr. 16 bis Ende 2009 räumen mussten.

Die „Königsbrauerei" war noch bis in die **1980er-Jahre** in Betrieb und wurde erst danach durch eine moderne Brauanlage im Industriegelände Rehbrücke ersetzt. Die für die Bierlagerung in den Berg getriebenen Stollen sind auch heute noch zu erhalten. In diesen Kellern wurden im Winter Eisschollen aus der benachbarten Havel an der Leipziger Straße eingelagert, um mit diesem Natureis auch im Sommer eine ausreichende Kühlung des Gerstensaftes zu ermöglichen.

2011 kaufte die Nürnberger Terraplan Grundstücksentwicklungsgesellschaft, die zur Oetker-Gruppe gehört, große Teile des denkmalgeschützten Areals am Brauhausberg von der „Brauerei Potsdam GmbH". Der Fabrikkomplex in der Albert-Einstein-Straße wird in Zusammenarbeit mit der Denkmalpflege umfassend saniert und zu Wohnungszwecken umgebaut. Das besondere Flair der alten Industriearchitektur soll dabei erhalten bleiben.

Der Bau begann im **Frühjahr 2015** und soll im zweiten Halbjahr 2016 abgeschlossen sein. In dem Ensemble werden 50 Eigentumswohnungen untergebracht. Für mehr Licht im Hof und in den Wohnungen sollen jene Lagerhallen abgerissen werden, die nicht unter Denkmalschutz stehen. Einige Einheiten erhalten Dachterrassen, die einen besonderen Ausblick auf Potsdam und das wiederaufgebaute Stadtschloss ermöglichen.

Die Gebäude gruppieren sich um mehrere Innenhöfe, in denen lauschige Hofgärten als grüne Rückzugs- und Entspannungsoasen für die zukünftigen geplant sind.

Abb. 27 - Die unter Denkmalschutz stehende Brauereigebäude in der Albert-Einstein-Straße (ehemalige Luckenwalde Straße) während des Sanierung zu Eigentumswohnungen, Aufnahme Fröhlich (2015)

2.5 Die Schwimmhalle am Brauhausberg

„Unser Blick schweift nun über den Brauhausberg. Hier ist eine moderne Schwimmhalle erbaut worden, mit geschwungenem Satteldach. Die der Stadt zugewandte Seite ist eine einzige große Glasfront. Die Halle wurde am 7. Oktober 1971, dem 22. Jahrestag der Republik (DDR, d.A.), eingeweiht und der Bevölkerung übergeben"[36]. Mit der Fertigstellung der Schwimmhalle am Luftschiffhafen 1978 gab es drei Schwimmhallen in Potsdam; diese, die 2014 rekonstruiert wurde, das „Werner-Alfred-Bad" (1912) und die Schwimmhalle „Am Brauhausberg" (erbaut von 1969 bis 1971). Mit dem Entstehen der Gebiete Waldstadt II, Stern, Schlaatz und Drewitz wuchs die Bevölkerungszahl in Potsdam stetig und somit auch die Forderungen nach Angeboten an überdachten und ganzjährig nutzbaren Wasserflächen, insbesondere für den Schulsport. So entstand 1986 das Kiez-Bad am Stern und wie auch schon bei der Schwimmhalle am Brauhausberg wurde bei der Planung des Freizeitobjektes am Stern auf eine Standardvariante für Neubaugebiete, das so genannte „Wiederverwendungsprojekt Schwimmhalle 83 – Typ Berlin" zurückgegriffen. Der Typenbau am Brauhausberg hat ein Seiltragwerk mit 40 Meter Spannweite, 8 x 50 Meter Bahnen und eine Tribüne mit 400 Plätzen. Die Schwimmhalle bekam Öffnungszeiten und Bahnen mit zwei Dritteln für die Bevölkerung einschließlich Schulschwimmen und ein Drittel für Vereine sowie Veranstaltungen mit Wettkämpfen. Jährlich fanden hier „Kreis-, Bezirks- und DDR-Meisterschaften, Triathlon-, Sanssouci- und Pionierpokal, Kinder- und Jugendspartakiaden, Kreisprüfungswettkämpfe, Schwimmfeste, Mehrkampfmeisterschaften und Sportfeste statt."[37]

---

[36] Fabian, Franz. Land der Havel. VEB F.A. Brockhaus Verlag Leipzig, 1974

[37] Sh. www.potsdam.de/content/neubau-sport-und-freizeitbad-am-brauhausberg

Das Bad am Brauhausberg als Potsdams größtes Schwimmbad kann auf eine lange und bedeutende Sportgeschichte verweisen. Aufgrund des wettkampffähigen 50-m-Beckens mit Sprungturm und Sprungbrett, wurde das Bad einst intensiv für Meisterschaften und internationale Wettkämpfe genutzt. So erinnern sich noch die Potsdamer an den Weltrekord der sowjetischen Brustschwimmerin Lina Kaciusyte von 1979 aber auch an die Olympiavorbereitungen der DDR-Schwimmlegende Roland Matthes, der zwischen 1968 und 1972 vierfacher Olympiasieger wurde.

Viele Potsdamer haben in dieser Halle Schwimmen gelernt. Schwimmkurse, Aquafitness und Kindergeburtstagsfeiern wurden hier geboten. Das hauseigene Bistro bietet noch heute neben verschiedenen Imbissangeboten auch Kaffeespezialitäten und Eis für eine ausreichende Versorgung der Energiereserven.

Birkholz, der Architekt des Terrassenrestaurants „Minsk", hatte auch mit den Bau der Schwimmhalle mitbestimmt. Es wurde dazu auch baugebundene Kunst vergeben. Birkholz berichtet, dass „Prof. Werner Nerlich[38] den Auftrag die Außengestaltung zu entwerfen erhielt und da ist dann die Metalllösung, das Metallrelief für die Giebelwand gefunden worden und Christian Heinze, der hat im Innenraum der Schwimmhalle einen Raumteiler gestaltet.

---

[38] Werner Nerlich (* 3. Juli 1915 in Nowawes; † 15. September 1999) war ein deutscher Grafiker und Maler. Er war Ehrenbürger der Stadt Potsdam, (Quelle: Wikipedia)

Abb. 28 - Die Schwimmhalle am Brauhausberg mit Blick auf die Außenanlagen, Quelle: Kunstanstalt Straub & Fischer Meiningen

Abb. 29 - Innenansicht der Schwimmhalle, heute: „Bad am Brauhausberg", Aufnahme um 1975

Abb. 30 - Metallrelief „Die Badende" von Prof. Werner Nerlich am Giebel der Schwimmhalle, Aufnahme Fröhlich (2015)

Als Prof. Werner Nerlich seine Lösung der Kommission für Bildende Kunst vorgestellt hatte, kam es zu einer Unstimmigkeit mit Kurt Hermann Kühn, der ein ähnliches Relief - in dem ebenfalls ein Mann abgebildet war, an der Bibliotheksfassade entworfen hatte. Die Auseinandersetzung ging so weit, dass Prof. Nerlich seinen Entwurf zurück nehmen musste und der neue Entwurf mit der Fee weitaus besser gelungen ist."

Abb. 31 - Eine Pergola mit Treppenstufen als unterbrochene Verbindung zwischen Terrassenrestaurant „Minsk" und der Schwimmhalle, Quelle: Architektur der DDR 10/1979

Abb. 32 - Der Pergola-Gang an der Schwimmhalle, heute: „Bad am Brauhausberg", Aufnahme Fröhlich (2015)

Birkholz nahm auch im Zusammenhang mit der Innengestaltung der Schwimmhalle Kontakt zu Hedwig Bollhagen[39] auf und „wir konnten auch Keramik von Frau Bollhagen einsetzen. Durch andere Bauvorhaben hatte ich bereits einen guten Draht zu ihr. Die roten Säulen, die gestrichen oder mit normalen Kacheln gefliest werden sollten, konnten wir so mit bordeauxroten Fliesen, als kleine Riemchen verkleiden. Somit gab es in der Schwimmhalle eine Besonderheit."[40] Als die Schwimmhalle noch in der Planung war aber die ersten Baumaßnahmen schon begannen, suchte das Kollektiv um Birkholz nach Erfahrungen und Ideen bei dem gleichen Hallentyp in Dresden. Birkholz führte aus, dass die „Dresdner Schwimmhalle eine Leistungssporthalle war, wo die Schwimmer von morgens bis abends im Wasser lagen und bei einer ärztlichen Untersuchung festgestellt wurde, dass sie Probleme mit den Augen bekamen. Es war zu viel Urin im Wasser. Im Verhältnis zum Schwimmerbecken wurde bei den Kindern im Nichtschwimmerbecken in Massen Urin abgesetzt und es wurde empfohlen, die Filteranlage zu trennen, das ich dann für Potsdam auch umsetzte."[41] Ein weiterer wichtiger Punkt der Projektierung war die Wärmeversorgung. Birkholz dazu: „Als wir die Schwimmhalle bauten, haben wir schon die Wärmeversorgung für das ‚Terrassenrestaurant am Brauhausberg' vorgesehen. Der eigentliche Versorgungsanschluss liegt rechts von der Schwimmhalle in einem abgedeckten Ton-

---

[39] Hedwig Bollhagen (* 10. November 1907 in Hannover; † 8. Juni 2001 in Marwitz) war eine deutsche Keramikerin und Mitbegründerin der HB-Werkstätten für Keramik.
[40] Auszug aus Interview mit Karl-Heinz Birkholz 2014
[41] ebenda

nengewölbe. Damals kam schon die Idee, dort ein Beat-Schuppen einzurichten. Die wurde aber von der Stadt verworfen."[42]

Das Schwimmbad, das zum Geburtstag der DDR am 7. Oktober 1971 eröffnet wurde, konnte wegen knapper Finanzmittel nur unter Mithilfe von Betriebsgruppen, Schulklassen, Jugendgruppen, Sportvereinen und Soldaten der Nationalen Volksarmee und der Sowjetarmee fertig gestellt werden. Man könnte unter diesen Umständen schon von einem Volksbad sprechen.

Auch nach der Wende und der ersten Sanierung 1991 bis 1992 fanden nahezu nahtlos Veranstaltungen statt. So wurden hier im Juni 1993 die 105. Sportschwimm-Meisterschaften, u.a. mit den erfolgreichen Schwimmern Franziska von Almsick, Daniela Hunger und Jörg Hoffmann durchgeführt. Als letzte große, bedeutende Veranstaltung zählt der Deutsche Wasserball-Pokal, der im März 2015 in der Schwimmhalle ausgetragen wurde.

In unmittelbarer Nachbarschaft eröffnete einige Jahre später (1977) das Terrassenrestaurant „Minsk", eine belorussische Nationalitätengaststätte in beeindruckender Ornamentik.

---

[42] Auszug aus Interview mit Karl-Heinz Birkholz 2014

Schöner unsere Städte und Gemeinden –

Unser Beitrag im Wettbewerb zu Ehren des 20. Jahrestages der DDR

mach mit!

Ein langgehegter Wunsch - unserer Bevölkerung, vieler Jugendlicher und Sportler **wird erfüllt!**

Wir bauen eine **Schwimmhalle** am Brauhausberg

- acht Fünfzig-Meter-Bahnen mit internationalen Wettkampfmaßen
- ein Lehrschwimmbassin
- eine Sauna
- ein Gymnastikraum
- eine Milchbar mit hervorragender Sicht auf die Schwimmanlagen
- Zuschauertribünen mit 400 Plätzen
- Dusch-, Umkleide- und Garderobenräume

werden in einer modernen Beton- und Metallkonstruktion der neuen Schwimmhalle untergebracht sein und können nach Fertigstellung von der Bevölkerung und den Sportlern genutzt werden.

Unser sozialistisches Leben wird schöner!

Helfen auch Sie beim Aufbau mit!

Unser Ziel: Rohbaufertig als Geburtstagsgeschenk zum 20. Jahrestag unserer Republik!

Abb. 33 und 34 - Aufruf der Stadt Potsdam an die Bürger und Betriebe zum Aufbau der Schwimmhalle von 1979, Quelle: Thomas Hintze, www.pro-brauhausberg.de

Abb. 34 - Blick vom Treppenaufgang am „Minsk" auf die 1971 fertig gestellte Schwimmhalle, auf das Hotel „Mercure" und den Alten Markt mit der Nicolaikirche, Aufnahme Fröhlich (2014)

3. Das Terrassenrestaurant „Minsk"

Die einstige Nationalitätengaststätte „Minsk" in der Templiner Vorstadt Potsdams befindet sich in der Max-Planck-Straße (ehem. Schützenstraße), auf halber Höhe der westlichen Seite des Brauhausberges gegenüber dem Potsdamer Hauptbahnhof, unterhalb des ehemaligen Reichsarchivs und unmittelbar neben der Schwimmhalle. Es profilierte sich in den 1970er und 1980er Jahren als Nachfolger der Höhengaststätten „Wackermannshöhe" und „Petershöhe". Das Terrassenrestaurant „Minsk" war vor der Wiedervereinigung 1990 dank seines Ausblickes eines der bekannten und wenigen begehrten Restaurants der Stadt Potsdam und Umgebung.

1960 wurde die Ruine des Stadtschlosses abgerissen. Der Bau des damaligen Interhotels der DDR 1969 sei eine „politische Demonstration" gewesen, ein „Zeichen nach Wannsee": „Das ist das neue Potsdam", an dessen Aufbau sich der Architekt Karl-Heinz Birkholz beteiligte. Die Wohnsiedlung „Am Brunnen" war Birkholz' erstes eigenes Wohnungsbauprojekt – und er zog auch gleich selbst dort ein. Weitere Wohnungsbauten an der Sandscholle, in der Behlertstraße sowie Verwaltungsgebäude, aber auch Schulen wie die in Stahnsdorf kamen hinzu. Mitte der 1960er Jahre schlug Birkholz' große Stunde. Er bekam die Stelle des Generalprojektanten für Potsdams Stadtmitte und sollte den Entwurf des Potsdamer Architekten Günther Vandenhertz für den Alten Markt realisieren – mit einem großen Theater inklusive Mehrzweckhalle. Doch die Pläne scheiterten aus verschiedenen Gründen – nicht zuletzt, weil es am Havelufer zu wenig Platz dafür gab. Als Ersatz bot man Birkholz daraufhin 1969 die Projektierung des „Terrassenrestaurants am Brauhausberg" an, wie das Vorhaben Ende der 1960er Jahre noch offiziell hieß.

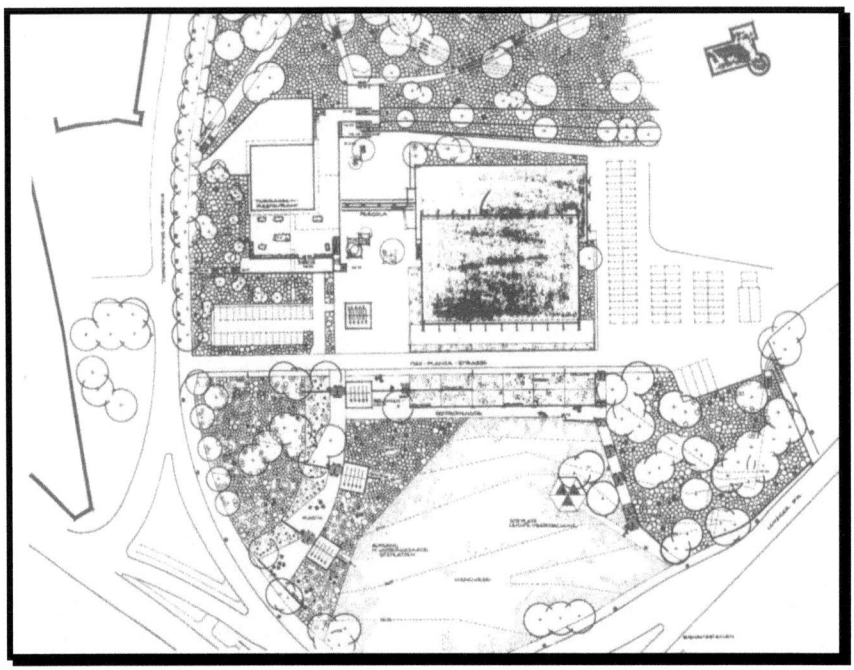

Abb. 35 - Lageplan des Brauhausberges von 1979 mit dem Terrassenrestaurant „Minsk" und der Schwimmhalle, Quelle: Architektur der DDR 10/1979

Der Brauhausberg war ihm nicht fremd, da er dort bereits zuvor mit dem Projekt Schwimmhalle befasst war. Auch für das „Terrassenrestaurant am Brauhausberg" hatte Vandenhertz einen Entwurf geliefert, nämlich einen eingeschossigen Rundbau. Birkholz verwirft dieses Konzept nach städtebaulicher Vorgabe aber zugunsten eines zweigeschossigen Gebäudes, das sich in den Hang einpasst. Er will ein Restaurant mit Panoramaverglasung, damit die Restaurantbesucher eine Aussicht auf die Stadtsilhouette genießen können. Bei der HO, der DDR-Handelsorganisation als Trägerin der Gaststätte, kommt sein Vorschlag gut an. Auch Stadtarchitekt Werner Berg gibt darüber hinaus seinen Segen.

1970 wird mit dem Rohbau der Stahlbetonskelettkonstruktion begonnen. Doch schon wenig später liegt das Projekt „HO-Restaurant" auf Eis. Als der untere Teil des Restaurants fertig war, wurde eine Baustopp mit der Begründung ausgesprochen, „wir haben nicht mehr das entsprechende Material, weil der ganze Stahl nach Berlin in den Palast der Republik gepumpt wurde", berichtet der Architekt des Minsk Karl-Heinz Birkholz: „die DDR-Hauptstadt ging immer vor".[43] Am Restaurantbau tat sich einige Jahre nichts mehr.

Vier Jahre dauert es, bis ein glücklicher Zufall hilft, das Bauprojekt am Brauhausberg zu forcieren. Die weißrussische Hauptstadt Minsk hat mit Potsdam eine Städtepartnerschaft geschlossen – die SED-Bezirksleitung im „Kreml" will das sozialistische Freundschaftsband entsprechend feiern. Das Terrassenrestaurant soll in Anlehnung an die Städtepartnerschaft als beloruscische Folkloregaststätte fertig gestellt werden - rechtzeitig im Jahre 1977 zum 60. Jahrestag der Oktoberrevolution in Russland.

Der Architekt Karl-Heinz Birkholz kann dadurch aus dem Vollen schöpfen: geflammter Marmor aus Russland für die Eingangshalle, Kupfer für die Lampen, edle Mooreiche für die dekorativen Schnitzereien. Es ist eine

---

[43] Auszug aus dem Interview mit Karl-Heinz Birkholz von 2014

Koproduktion im besten Sinn: Soldaten aus dem sozialistischen Bruderland helfen beim Beton schleppen, Minsker Künstler gestalten in Absprache mit Birkholz die gesamte Inneneinrichtung. Weil sie die Fenster aus Bleiglas anfertigen wollen, werden extra die Rahmen verstärkt. „Zu den Künstlern hatte ich einen ganz tollen Draht", erzählt Birkholz. Eröffnet wurde das Terrassenrestaurant am Brauhausberg pünktlich zum 60. Jahrestag der Großen Sozialistischen Oktoberrevolution.

3.1 Die Planung des Restaurants „Minsk"

Am 7. Dezember 1954 fand in Moskau die „Unionskonferenz der Baufachleute der UdSSR" statt, mit der die Wende zum industrialisierten Bauen eingeleitet wurde. Chruschtschows löste gewissermaßen mit seiner Rede auf dieser Unionskonferenz der Baufachleute der UdSSR die Geburt der Ostmoderne aus. Er beendete damit die Ära der stalinistischen Architektur. Plötzlich hatten die Architekten andere, neue Baumöglichkeiten aufgrund der Befreiung von den zuvor existierenden gestalterischen Zwängen. Bis dahin herrschte der Zuckerbäckerstil[44], als Baustil, der überbordend gewaltig und prächtig bzw. als übertrieben und zeitwidrig ornamental empfunden wurde. Es war nun ein wenig Auf-

---

[44] Laut Lexikon der Weltarchitektur. München 1992, S. 703, bezeichnet der Zuckerbäckerstil abwertend vor allem die Architektur des sozialistischen Klassizismus. Die Bezeichnung leitet sich ab von den kleinteilig verzierten Produkten der Zuckerbäcker. In der Architektur hat sie ihren Ursprung in der zunehmenden Abkopplung beziehungsweise Verselbstständigung des Fassadenentwurfs von der strukturellen Logik des Bauwerks.

bruchsstimmung unter den Architekten. Die Entwürfe wurden individuell und mutiger.

Mit Beschluss des Rates des Bezirkes Potsdam Nr. 84 vom 14. Mai 1976 wurde entschieden, dass in den Jahren 1969/70 begonnene Objekt „Terrassenrestaurant am Brauhausberg" weiterzuführen und bis zum 60. Jahrestag der Großen Sozialistischen Oktoberrevolution fertig zu stellen. Mit Unterstützung sowjetischer Kollegen aus der belorussischen Partnerstadt Minsk sollte in gemeinsamer Arbeit das am 21. November 1968 beschlossene Objekt inhaltlich so gestalten, dass eine auf hohem Niveau stehende belorussische Nationalitätengaststätte entsteht. Der Bezirksrat hatte am 1. Juli 1976 eine Ausnahmegenehmigung erteilt, wonach der Bau bereits im August 1976 begonnen werden konnte.

Da das „Minsk" als Folklore-Gaststätte konzipiert und die Gewerke bei einem Künstlerkollektiv in Minsk in Auftrag gegeben wurde, erhielt die Inneneinrichtung selbstverständlich entsprechende politische Vorgaben. Dennoch bekam es mit dem Bezug zu Weißrusslands Hauptstadt Minsk einen gewissen exotischen Charme. Mit seinen zwei Etagen wurde es im Stil der DDR-Moderne erbaut. Das ziegelrote Verblendmauerwerk, die dunkelbraunen Stahl-Aluminiumfenster und das rotweiße Ornamentband aus glasiertem Mosaik setzten besondere folkloristische, gestalterische Akzente.

Der Potsdamer Architekt Karl-Heinz Birkholz berichtet: „Am 20. März 1976, das war mein Geburtstag, da sollte ich eine Dokumentation zusammenstellen, da die Stadt und die Partei an einer Gaststätte ‚Minsk' in Potsdam plante und man war der Meinung, dass dieser Standort geeignet ist. Da habe ich die Dokumentation zusammengestellt und beim Kombinatsdirektor abgeliefert." Mit dieser Dokumentation reiste eine Potsdamer Delegation nach Minsk um die erstellte Konzeption zum Baukomplex einer belorussischen Folklore-Gaststätte in Potsdam den Minskern vorzustellen. Im Ergebnis konnten die Minsker für dieses Projekt begeistert werden, es wurde ernst. „Dann ist eine zweite Truppe runter gefahren, es war der Architekt Kohlschlütter und der Vertreter des Stadtarchitekten Horst Görl, ich selbst durfte nie mitfahren, ich weiß nicht warum. Die haben dann versucht das Projekt näher vorzustellen und haben die Minsker nach Potsdam eingeladen." [45]

Es kam zu einem Gegenbesuch einer Minsker Architekten- und Künstler-Delegation nach Potsdam, die im Gegenzug ihre Ideen vorstellten. Karl-Heinz Birkholz war nicht gerade freudig überrascht, als sie sein Projekt verändern wollten und es dann nicht mehr mit seiner Grundhaltung übereinstimmte. Dabei ging es den Minsker Kollegen hauptsächlich um den Treppenaufgang zum 1. Obergeschoss, den sie rausnehmen und verändern wollten. Nach einigen Diskussionen zu weiteren Detailfragen bekam Karl-Heinz Birkholz doch noch den Auftrag, dass Objekt nach sei-

---

[45] Auszug aus dem Interview mit Karl-Heinz Birkholz im Jahr 2014

nen Auffassungen und Vorstellungen weiterzuführen. „Für mich persönlich war es das erste Mal, dass ich als Architekt von der Idee bis zur Schlüsselübergabe alle Entscheidung mit treffen durfte. Das heißt, dass die Vorschläge, die die Minsker einbrachten um das Haus als Nationalitätengaststätte zu prägen bis hin zur Tischdekoration, Kellnerprägung, usw. Ich wurde immer hinzugezogen, um die Entscheidung als letzten Punkt zu setzen", sagt Birkholz.[46]

Bei einem weiteren Treffen in der Hauptstadt Minsk wurden von den Minsker Kollegen Tischlampen von jungen Künstlern vorgestellt (sh. dazu auch Abb. 37). „Die waren mit Freude dabei künstlerische, belorussische Elemente zu entwerfen, von Keramikgefäßen über das Geschirr bis zur Wandgestaltung mit belorussischer Holzverkleidung (Mooreiche). Die Minsker hatten verschiedene Künstler in Potsdam an der Baustelle, so einen Holzgestalter, der in seiner Heimat Dozent an der Hochschule für Gestaltung war und von den Kollegen die ‚Mooreiche' genannt wurde", so Birkholz. Keramiker waren auch dabei, so etwa ein alter Herr, der Rauchtongefäße herstellte, etwas Besonderes, was Potsdam in der Form noch nicht hatte, sowie ein Glaskünstler und Textilgestalter, die Tischdecken, Servietten und Wandbespannungen entwarfen. Die Bespannung für die Wände wurde extra für Potsdam mit Motiven aus Minsk gewebt.

---

[46] Auszug aus dem Interview mit Karl-Heinz Birkholz im Jahr 2014

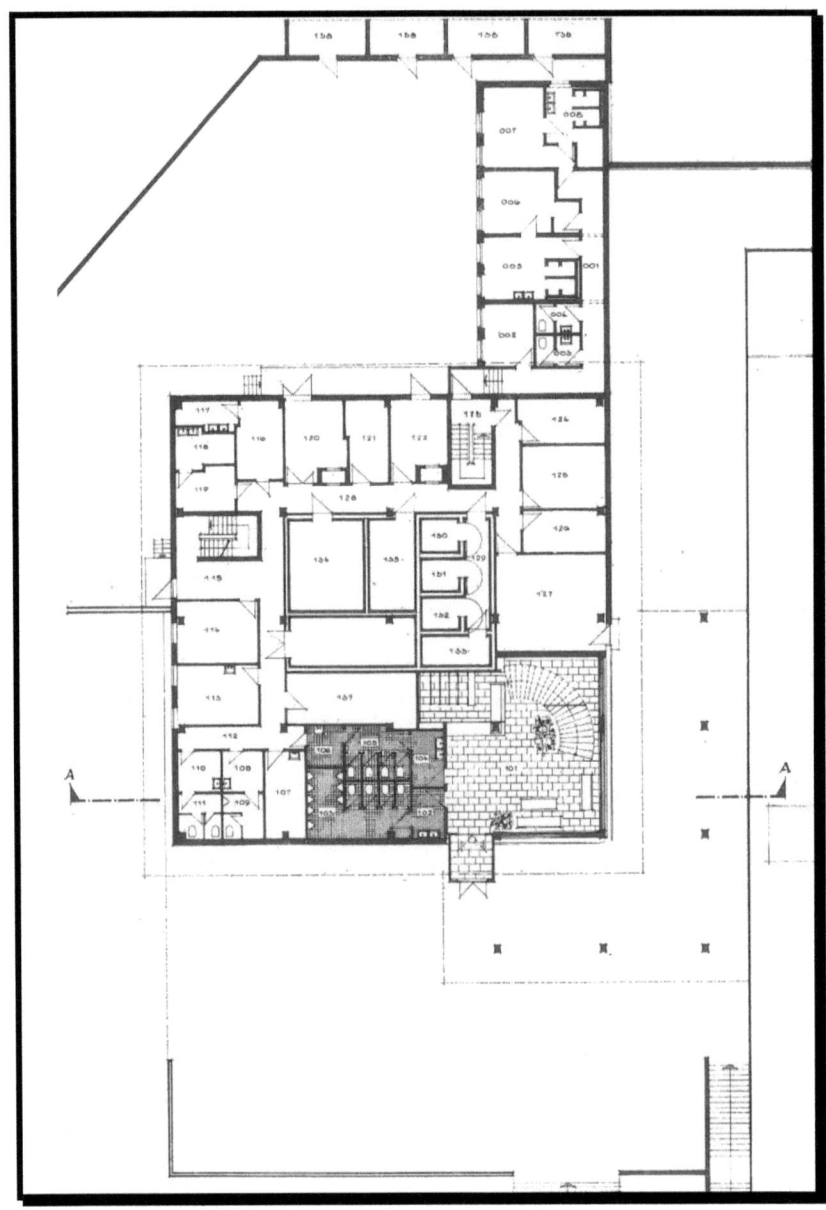

Abb. 36 - Der Grundriss des Erdgeschosses, Quelle: Architektur der DDR 10/1979

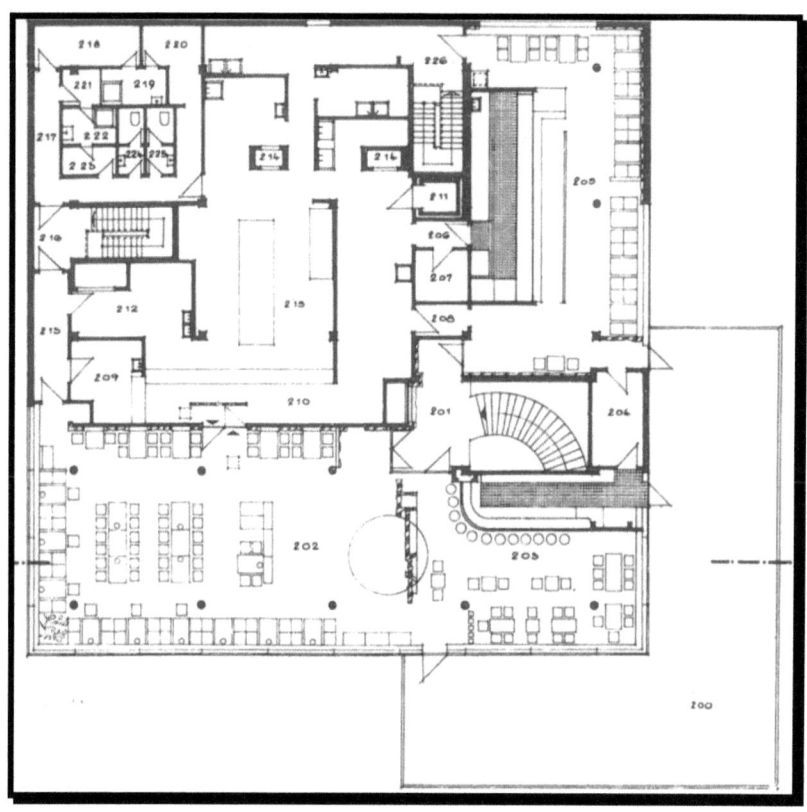

Abb. 37 - Der Grundriss des Obergeschosses, Quelle: Architektur der DDR 10/1979

Bei der Bleikristallgestaltung in den Fensterbereichen war die erste Variante unbrauchbar. „Das Minsker Ornament auf der Fassade sollte auch in einer großen Schaufensterscheibe gezeigt werden. Die Minsker wollten damit bewirken, dass man schon von außen das Minsker Wahrzeichen erblickte. Die Belorussen lieben dieses Ornament, ob in der Kultur, in der Kleidung, es spielt überall eine große Rolle. Dabei ist die Idee entstanden, die Fenster zu unterteilen. Anstelle einer 3-Meter-Scheibe sollten zwei Scheiben mit 1,50 Meter Breite hergestellt werden um dann die Glasteile reinzusetzen. Daraufhin brachten sie dann 8 cm starkes Bleikristall aus Minsk. Das war zwar toll, aber man konnte nicht mehr durchgucken. Schade um die tolle Sicht: wir haben uns zusammengesetzt, um einen Weg zu finden ohne die Idee kaputt zu machen. Daraufhin sind Fensterscheiben entstanden, die mit Bleikristallplatten beklebt wurden. Diese Platten stellten dann Motive aus Minsk dar, wie z.B. den Nationalzirkus oder das Parlamentsgebäude und die Gäste konnten durchgucken.

Abb. 38 - Die Rosette auf dem Gebäude der ehemaligen Nationalitätengaststätte „Minsk", auf der die Kathedrale der Heiligen Jungfrau Maria in Minsk dargestellt ist, Aufnahme Fröhlich (2015)

Auch das untere Gitter an der Brüstung stammte nicht von uns, wir hatten ein einfaches Gitter vorgeschlagen, doch die Minsker wollten Schmiedehandwerk, also haben wir das so umgesetzt." [47] Es gab viele Ideen zur Werbung für das Terrassenrestaurant. Die Minsker wollten oben nur einzelne Buchstaben anbringen, doch dann hat sich die Rosette durchgesetzt.

Am Treppenaufgang wurde ein Element aus Eiche geschaffen, das die Künstler vor Ort ausarbeiteten. Und innen an der Rückwand im Restaurant waren drei Teile aus Eiche als Bäume gedacht und darauf Bleikristallleuchter angebracht. Zwischen den drei Holzteilen gab es eine grüne Bespannung als Hintergrund, die den Charakter und den Blick in eine weite, grüne belorussische Landschaft vermitteln sollte.

Zwischen Restaurant und Bar stand ein anmutiger Raumteiler. Hierfür wurde massive Mooreiche, bis zu einer Stärke von 15 cm verbaut und keiner habe in Potsdam begriffen, was eigentlich Mooreiche bedeutet. Birkholz erklärt: „die Mooreiche wächst nicht im Wald, die Mooreiche steht tausend Jahre im Moor dadurch nimmt sie diese dunkle Färbung und Festigkeit. Es ist äußerst schwierig Mooreiche in so großen Stücken zu bekommen, die nicht reißt. Sobald Mooreiche vom Wasser an die Luft kommt und das Holz zu trocknen anfängt, reißt es nach allen Richtungen. Es wurde eine Vielzahl der besten Hölzer verbaut. Schon der Raumteiler im Obergeschoss war überragend, doch auch wenn man die Treppe zum

---

[47] Auszug aus dem Interview mit Karl-Heinz Birkholz im Jahr 2014

1. Obergeschoss hinauf ging, stand dort das wertvollste Stück Mooreiche, ein großes Stück mit aufgesetzter Keramik; eine Frau geschmückt mit Folklore, die wie eine Empfangsdame wirkte. Während der Bauaktivitäten wurde im Bergbau, im Süden der DDR, Mooreiche gefunden."[48] Diese Mooreiche wurde geborgen und der Volkseigene Betrieb VEB produzierte daraus Möbel für den Export. Die Produktionsgenossenschaft des Handwerks (PGH) Innenausbau hatte Beziehungen zu dem dortigen Holzbetrieb. Architekt Karl-Heinz Birkholz und ein Mitarbeiter der PGH fuhren nach Leipzig zu dem Holzplatz und sahen die Eiche dort liegen. Genau diese massive Eiche wollte Birkholz für seinen selbst entworfenen Bar-Tisch haben. Das Treppenhaus und die Heizungsverkleidung waren bereits aus Mooreiche, die Bar sollte dem angepasst sein. Massive Teile der Mooreiche wurden auf einen LKW geladen und in Potsdam bei der PGH vorsichtig gelagert, aber dennoch riss es kurz und klein. „Erst dadurch haben wir wahrgenommen, was es bedeutet solche massiven Hölzer zu bearbeiten", so Birkholz.

Nach der Wende ging es mit dem Restaurant „Minsk" stetig bergab, das Restaurant rechnete sich nicht mehr. Unter Denkmalschutz gestellt wurde das Gebäude aber bislang nicht. Nach der Schließung gab es immer wieder Debatten um die Nachnutzung des „Minsk", Abreißen fordern die einen, Erhalten die anderen - wie bei einer Demonstration im September 2011 in Potsdam bekundet.

---

[48] Auszug aus dem Interview mit Karl-Heinz Birkholz im Jahr 2014

In der Zwischenzeit verschlechtert sich die Bausubstanz zusehends. Der Verfall des Gebäudes von 2004 bis 2015 ist mit bloßem Auge erkennbar - der Putz bröckelt, Graffitis zieren die Fassade, Fensterscheiben sind zerschlagen und Betonteile beschädigt. Besonders gespenstisch wirkt das leerstehende Gebäude im Herbst. Das Restaurant Minsk ist leer stehend der Gefahr des Vandalismus ausgesetzt. Das Gebäude ist zur Schwimmhalle hin mit Holzplatten in den Öffnungen gesichert. Der Haupteingang zum „Minsk" ist ordentlich versperrt. Die Wege zur Schwimmhalle und zum einstigen Reichsarchiv sind begehbar. Die Tore zum „Minsk" sind verschlossen und Bauzaunfelder umkreisen den Außenbereich des einstigen Restaurants. Nach der Wende gab die Landesregierung Brandenburgs im Restaurant „Minsk" noch festliche Empfänge, bis das Haus Mitte der 90er Jahre schloss und seitdem verfällt. Die engagierte Bürgerinitiative „Pro-Brauhausberg" und deren Sympathisanten würden es gern erhalten und als öffentliche Kulturstätte wiederbeleben.

Ein Antrag an das Landesdenkmalamt, um das Schwimmbad und das Terrassenrestaurant „Minsk" als bedeutende Beispiele der Ostmoderne unter Schutz stellen zu lassen, wurde abgelehnt. Aber die Stadt zeigte sich kooperativ und wollte für das „Minsk" noch bis Ende 2015 nach Bewerbern mit tragfähigen Ideen suchen, doch bis heute konnte trotz Interessenten keine Lösung gefunden werden. Das Interessante dabei ist, dass der Grundstücksverkauf das neue Schwimmbad mitfinanzieren soll. Auch für den ehemaligen Landtag gibt es konkrete Pläne. Die Parlamentarier tagen seit Januar 2014 im Landtagsschloss, einem Neubau mit rekonstruierter Knobelsdorff-Fassade am Alten Markt. Der im Volksmund bezeichnete Potsdamer „Kreml" auf dem Brauhausberg steht leer. Ab Herbst 2014 wollte das Finanzministerium per Ausschreibung einen Investor finden. Möglich wären Wohnungen, ein Hotel – oder diverse Gewerbebetriebe mit wissenschaftlichem Hintergrund, wie es in einer Vorlage für die Stadtverordneten heißt. 2018 will sogar das Deutsche Geoforschungszentrum aufgrund der bestehenden aktuellen Platzprobleme auf dem Telegrafenberg auf der Rückseite des Fachwerkaltbaus neu bauen. Momentan ist der „Kreml" als Flüchtlingsunterkunft im Gespräch.

Am Berg engagiert sich seit dem 14. Januar 2011 das „Büro für Bürgerbeteiligung" namens „Pro-Brauhausberg", halb und halb besetzt aus Stadtverwaltung und einem Bürgerverein, mit verschiedenen Wünschen und Sichtweisen, aber einem Ziel: der Zerstörung und Verschwendung Einhalt zu gebieten. Von einer zunächst geplanten Blockrandbebauung des Hügels, genauso massiv wie vor der Zerstörung im Weltkrieg, nahm die Stadt nach Protesten bereits Abstand. Wie viele Luxusvillen es geben wird, steht auch noch nicht fest.

Abb. 39 - Erkennbar sind deutliche Spuren des Vandalismus, Aufnahme Fröhlich (2014)

Aus der Städtepartnerschaft zwischen Potsdam und Minsk entstand aber nicht nur das Terrassenrestaurant am Brauhausberg. In Minsk wurde vor 1970 ein Restaurant namens „Potsdam" errichtet. Birkholz erinnert sich an seinen Besuch: „Potsdam hatte damals in Minsk als Erstes ein Restaurant ‚Potsdam' gestaltet. Und zwar war damals Prof. Nerlich verantwortlich. Im Rahmen unserer Zusammenarbeit waren wir in dem Restaurant ‚Potsdam' und haben da auch mal zu Abend gegessen. Da habe ich mich umgeschaut und gedacht ‚das sieht ja hier nicht mehr so doll aus'.

Abb. 36 - Auf der zugewachsenen Hochterrasse des ehemaligen Restaurants „Minsk", im Hintergrund schimmert die Schwimmhalle durch den Bauzaun und die Äste der Bäume, Aufnahme Fröhlich (2014)

Als wir wieder zur Berichterstattung in Potsdam waren, brachte ich folgendes Beispiel: Wenn ich mir überlege, dass wir hier in Potsdam so wertvolle Dinge von den Minskern bekommen, was auch Minsk ausdrückt, bin ich der Meinung fehlt da im ‚Potsdam' so einiges. Und das wurde dann auch aufgegriffen."[49] So fuhr Karl-Heinz Birkholz mit dem Stadtarchitekten Werner Berg und einem Vertreter der HO nach Minsk um das Restaurant „Potsdam" näher in Augenschein zu nehmen. Es wur-

---

[49] Auszug aus dem Interview mit Karl-Heinz Birkholz von 2014

de nach Lösungen zur qualitativen Verbesserung gesucht. Birkholz weiter: „Das Problem fing schon beim Eingang an. Die hatten eine unmögliche Eingangstreppe und -tür. In Potsdam haben wir versucht die Stahlalutür der Altbausubstanz mit Potsdamer Bezug anzupassen. Weitere Bilder von Prof. Nerlich wurden dem Restaurant ‚Potsdam' übergeben. Unser dortiges Engagement war nicht mehr als rechtens. Ich möchte nicht wissen, wenn die Minsker das wüssten, was hier daraus passiert aus dem Haus, was die für eine Kraft rein gesteckt haben, die waren ja auch nicht reich. Und dass die Stadt Potsdam so etwas missachtet, ist eigentlich schade."[50]

3.2 Die Ausstattung des Terrassenrestaurants „Minsk"

Im November 1977 wurde das Terrassenrestaurant „Minsk" in Potsdam eröffnet. Mit der Fertigstellung dieses Teilkomplexes wurde die 1970 begonnene Bebauung „Am Brauhausberg", südlich der Havel, mit der Schwimmhalle und den bereits angelegten Grün- und Außenanlagen im Wesentlichen abgeschlossen.

In der Vereinbarung zwischen den beiden Partnerstädten Minsk und Potsdam vom Sommer 1976 war festgelegt, dass das einst als Terrassenrestaurant projektierte und 1970 begonnene Gebäude zu Ehren des 60.

---

[50] Auszug aus dem Interview mit Karl-Heinz Birkholz von 2014

Jahrestages der Großen Sozialistischen Oktoberrevolution als belorussische Nationalitätengaststätte zu gestalten ist.

Die eingegangenen Verpflichtungen führten zu einer fruchtbaren Zusammenarbeit zwischen dem künstlerischen Gestaltungskollektiv der Stadt Minsk und dem Baukollektiv der Stadt Potsdam. Da bereits das Kellergeschoss und das Terrassenrestaurant im Rohbau fertig gestellt waren, stimmten beide Partner darin überein, am Rohbauprojekt – bis auf einige Trennwände, nichts zu verändern. Nur Details an den Fassaden wurden neugestaltet, um dem Außenbereich des Restaurants einen besonderen Charakter und Akzent zu geben.

Das Restaurantgebäude bestand im Einzelnen aus folgenden Einrichtungen: Im Kellergeschoss waren alle technischen Räume sowie einen Verkaufsstützpunkt der Gaststätte mit Terrasse auf der Ebene des Eingangs zur Schwimmhalle untergebracht. Im Erdgeschoss befand sich der Gastbereich mit der Eingangshalle, Garderobe, Rezeption, Haupttreppe, Toiletten sowie mit den Sozialräumen für die Kellner, den Räumen der Verwaltung, der Warenannahme, Kühlräume, Lagerräume, Kleinlastenaufzüge und getrennte Treppenhäuser für das Personal.

1977 wurde während der Baudurchführung noch ein eingeschossiges Sozialgebäude für 37 Koch- und Kellnerlehrlinge eingefügt. Auf dem Plan in der Abbildung 26 als Raum 001 bis 008 gekennzeichnet.

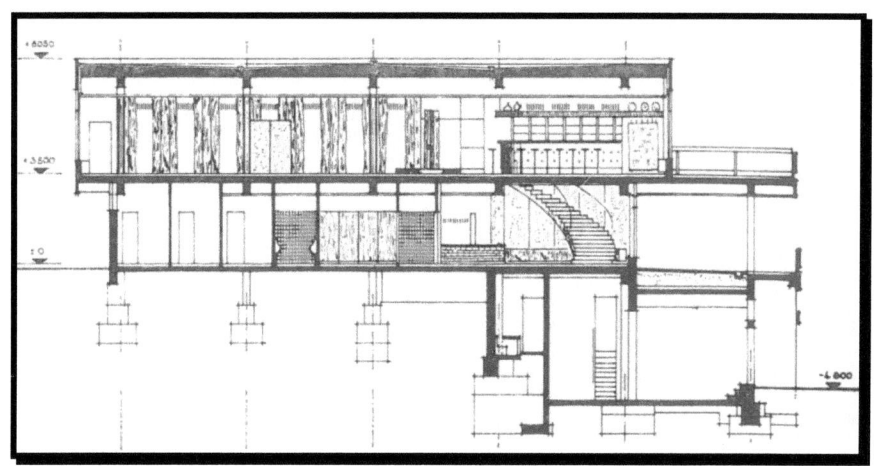

Abb. 40 - Schnitt des Terrassenrestaurants „Minsk", Quelle: Architektur der DDR 10-1979

Abb. 41 – Der Zugang zur Gaststätte von der Terrasse aus, die Türgriffe an den Flügeltüren aus Mooreiche gearbeitet, Aufnahme von 1979, Quelle: AdDDR-10-1979

In der Eingangshalle hatten die Minsker Handwerker eine Sitzbank und einen Tisch aus Massiveiche aufgestellt, die aber hell war, nicht dunkel. Da aber ringsum alles in dunklem Farbton gehalten war, störte diese Sitzgruppe und sie wurde manuell nachgedunkelt, da die Mooreiche ausging.

Am Treppenaufgang wurde ein Element aus Eiche geschaffen, das die Minsker Künstler vor Ort ausgearbeitet hatten. Die Treppe in der Halle führt zum Obergeschoss für die Restaurantbesucher mit 90 Plätzen sowie zur Bar mit 35 Plätzen und zum Selbstbedienungsrestaurant mit 40 Plätzen. Allen drei Gasträumen ist eine Hochterrasse mit rund 100 Plätzen vorgelagert.

Ferner wurden im Obergeschoss die Küche und die Sozialräume für das Küchenpersonal angeordnet. Seitens der Handelsorganisation (HO) gab es eigene kompetente Fachleute, die die Küchenplanung übernahmen. Denn die Berechnung der kompletten Herdstrecke und der Kühlfläche konnten der Architekt Karl-Heinz Birkholz und die Minsker Kollegen nicht leisten. Darüber hinaus musste der Fluss von der Warenannahme im Erdgeschoss bis zur Einlagerung im Obergeschoss über Kühlstrecken gesichert sein. Das sind technologische Abläufe, die der Architekt nicht selbst entwickeln kann. Eine Zusammenarbeit gab es dennoch.

Im Restaurant war die Trennwand vertikal mit drei großen Teilen aus Mooreiche dekoriert, die den Eindruck von großen, belorussischen Bäumen vermittelten. Auf diesen Holzelementen brachten die Künstler Bleikristallleuchter an und spannten zwischen den einzelnen Holzteilen eine grünliche Dekorierung.

Das zweigeschossige Gebäude ist ein Stahlbetonskelettbau mit Flachdach in monolithischer Bauweise, das mit Mauerstein wenig zu tun hat. Das Obergeschoss ragt über dem quadratischen Grundriss von 24 mal 24 Metern nach allen Seiten 2,2 Meter hinüber. Ein Viertel des Grundrisses ist unterkellert wobei sich die übrigen Kellerräume im vorgelagerten Terrassenbauwerk befinden. Die Hauptelemente des äußeren gestalterischen Schlüssels sind: Betonstützwände mit Sichtflächen aus Silikat 66[51] und einem ziegelroten Farbton. Die Freitreppenanlagen erhielten vorgesetzte helle Sichtbetonbrüstungsbänder, ziegelrotes Verblendmauerwerk sowie umlaufende hellgraue Sichtbetonvorhangelemente. Die Fensterbänder bestehen aus Stahl-Aluminium. Unter Verwendung typischer Gestaltungselemente an den Fassaden wurde erfolgreich versucht, den Charakter einer Folklore-Gaststätte hervorzuheben. So kamen ziegelrotes Verblendmauerwerk, dunkelbraune Stahl-Aluminiumfenster mit

---

[51] Bautenschutzmittel Silikat 66: damals als hochwertiges Bautenschutzmittel verwendet (Spritzschutz, Spachtelputz), sollte eine längere Haltbarkeit garantieren, Quelle: VEB Berlin-Chemie, 1967.

Abb. 42 - Der Treppenaufgang vom Erdgeschoss zum Gaststättenbereich im Obergeschoss, Quelle: Architektur der DDR 10-1979

Abb. 43 - Zustand des Treppenaufgangs bei einer Begehung im Dezember 2011, Aufnahme von Thomas Hintze

Schmuckglasscheiben, rotweißes Ornamentband aus glasiertem Mittelmosaik an der Hochterrasse, Leuchtwerbeträger mit dem Stadtwappen von Minsk an der Hauptfassade und hellgraue Kunstschmiedegitter zum Einsatz.

Zum Essen, zu Tanzabenden, zu Feierlichkeiten aller Art strömten die Potsdamer regelrecht in das Restaurant, in das Café, in die Bar und auf die Außenterrasse. Gerade von dort aus erfreuten sich die Gäste des Potsdamer Weitblicks - der noch spektakulärer hätte ausfallen können, da eine zusätzliche Dachterrasse, die der Architekt Karl-Heinz Birkholz vorgesehen hatte, aus Kostengründen nicht gebaut werden konnte.

Abb. 44 - Noch immer erkennbar und teilweise erhalten ist das rotweiße Ornamentband aus glasiertem Mittelmosaik an der Hochterrasse, Aufnahme Fröhlich (2015)

Abb. 45 - Das Restaurant im 1. Obergeschoss, Aufnahmen von 1979

Abb. 46 - Belorussische Gestaltungselemente der Fenster als Schmuckglasscheiben sind in dunkelbraunen Stahl-Aluminiumfenstern eingefasst, Aufnahme Fröhlich (2015)

Die Grün- und Außenanlagen wurden den Bedingungen zum Terrassenrestaurant „Minsk" angepasst. Zuständig für die Planung waren die Herren Brehme und Kotsch als Garten- und Landschaftsgestalter. Die Fläche zwischen Treppenaufgang und Pergola blieb befahrbar. Im Rahmen der Außenanlagengestaltung wurde auch die Anbindung der Treppenanlage zum Aussichtspunkt „Kaiser-Wilhelm-Blick" einbezogen und saniert.

Abb. 47 - Blick auf die Freitreppenanlagen, an der die vorgesetzten hellen Sichtbetonbrüstungsbänder noch heute gut erkennbar sind, Aufnahme Fröhlich (2015)

Zum Zeitpunkt der Eröffnung 1977 waren im Terrassenrestaurant 68 Arbeitskräfte beschäftigt, davon 38 Mitarbeiter aus HO-eigenen Kapazitäten, wie zum Beispiel von der Nationalitätengaststätte „Bolgar". Weiteres Personal kam aus der Lehrlingsausbildung und der nicht berufstätigen Bevölkerung. Birkholz erinnert sich an den Tag der Eröffnung: „Das war am 7. November 1977 zu Ehren der Großen Sozialistischen Oktoberevolution. An dem Tag war es kalt. Und ich hatte noch am Vormittag zu tun. Es sollte gegen 12 Uhr eröffnet werden, die Oberbürgermeisterin der Stadt Potsdam Frau Hanke und verschiedene Gäste waren geladen. Ich wollte, dass die Eröffnung auch eine Besonderheit hat. Bin dann noch unterwegs gewesen und habe versucht eine große Vase für die Eingangshalle zu finden um ein paar Zweige rein zustecken. Die fand ich aber nicht. Dann habe ich in der Schwimmhalle einen Betonpapierkorb entdeckt. Den haben wir mit rein genommen und weiß angetüncht und habe selbst ein Gehölz geholt, die sogenannte Blutpflaume. Die hat bordeauxfarbene Blätter. Und die habe ich von meinem Wochenendgrundstück geholt und in die Vase gestellt. Neben den starren Bauelementen wollte ich etwas Grünes, etwas Lockeres. Ich bin mit dem Gehölz nachher fast gerannt, um bei der Eröffnung pünktlich zu sein. Die waren schon alle da, ich kam als Letzter angetrabt. Die Minsker waren auch eingeladen. Die Eröffnung war mit einem großen Essen, mit Reden und Gesprächen verbunden. Auszeichnungen gab es auch."[52]

---

[52] Auszug aus dem Interview mit Karl-Heinz Birkholz von 2014

Zum Schluss noch eine Bemerkung zu den Öffnungszeiten, die für Potsdam zu dieser Zeit schon beinahe exotisch waren. Entsprechend dem „Ratgeber für den Bürger der Stadt Potsdam" von 1985 waren die einzelnen Einrichtungen in der Gaststätte in der Max-Planck-Straße wie folgt geöffnet: Speisegaststätte: Sonntag bis Donnerstag von 11 bis 24 Uhr, die Tanzgaststätte: Freitag, Samstag von 11 bis 1 Uhr und die Nationalitätengaststätte: Sonntag bis Donnerstag von 19 bis 1 Uhr und Freitag, Samstag von 19 bis 3 Uhr.

3.3 Bunkeranlage

Hinter dem geschmiedeten Gittertor zum Vorraum unter der Terrasse des Restaurants „Minsk", befinden sich die Elektroanlagen, die durch eine große Stahlrahmentür zum Bunker führen.

Als das Restaurant „Minsk" auf den Brauhausberg gesetzt wurde, entstand auch dieser Garagen-Schutzbau vom Typ SBW-300 – ein Schutzbauwerk mit einem Platzangebot für 300 Personen, der übererdet und mit der Hochterrasse des Restaurants „Minsk" überbaut wurde. Dokumentationen über seinen Bau sind nicht überliefert. Mit der Errichtung des Restaurants wurde ein Teil des unterirdischen Stollensystems der einstigen Brauerei zu einem rund 200 Quadratmeter großer Luftschutzbunker hergerichtet, der selbst nach dem einst 2004 geplanten Abriss des Restaurants intakt bleiben sollte, da dieser vom Katastrophenschutz der Stadt Potsdam als Lager genutzt wurde. Die Liegenschaft gehörte damals dem Bund und wurde lediglich von der Stadt verwaltet. Der Bunker ist ein Schutzbauwerk, geplant für die Potsdamer Bevölkerung, aus der Zeit des Kalten Krieges. In den 1990er Jahren überlegte das Bundesinnenministerium, mehrere Schutzräume der neuen Bundesländer in einem Musterprojekt auf den Grundschutzraum-West-Standard zu modernisieren. Auf Vorschlag des damals zuständigen Sachbearbeiters der Feuerwehr Potsdam - Herrn Baumgarten, wurde dieser Schutzraum am Brauhausberg bei der Begehung 1993 ausgewählt und 750 000 DM in dessen Sanierung investiert[53].

Als Zuflucht vor dem Bombenhagel auf Potsdam, der im April 1945 speziell das Leipziger Dreieck traf, dienten damals übrigens ganz andere Katakomben. In der hinteren Hälfte des Brauhausberges befinden sich noch Kellerräume, die von der Brauerei als Lager genutzt wurden. Sie überstanden weitgehend das Bombardement, nur ein Ausgang zur Leipziger Straße wurde verschüttet[54].

---

[53] sh. http://www.geschichtsspuren.de/datenbanken/bunker-datenbank/details/6/1418-Potsdam--Zivilschutz-Mehrzweckanlage-Brauhausberg-Max-Planck-Str-.html
[54] PNN - Das Geheimnis des Brauhausbergs – Artikel bei Potsdamer Neueste Nachrichten (PNN), vom 6. Februar 2004 und Wolfgang Hülsebeck, damaliger Chef von Feuerwehr, Katastrophenschutz und Rettungsdienst der Stadt Potsdam

Abb. 48 - Das kunstgeschmiedete Ornament-Gittertor zum Vorraum unter der Terrasse des Restaurants „Minsk", Aufnahme Fröhlich (2015)

Abb. 49 - Blick in den Vorraum zum Bunkereingang unterhalb der Terrasse, Aufnahme Fröhlich (2015)

4. Aussichten und Ausblicke für das einstige Restaurant „Minsk" und den Brauhausberg

Die Brauhausanlage befindet sich aktuell im Umbruch: Auf dem Gelände sollen eine neue Schwimmhalle – ein Spaßbad, und Stadtvillen entstehen. Die Initiative „Pro Brauhausberg" engagiert sich seit 2011 verstärkt für den Erhalt und eine Unterschutzstellung des gesamten DDR-Ensembles. Der Architekt und Denkmalexperte Christian Wendland versuchte in der DDR, das barocke Potsdam vor sozialistischen Kahlschlagplanern zu sichern, protestierte gegen den Abriss des Stadtschlosses und saß 1961 ein. Einst galt das „Minsk" als modernes Kleinod, doch die Stadt will das Terrassenrestaurant abreißen und das Gelände verkaufen. Jetzt schlägt sich Wendland auf die Seite der Sympathisanten des „Minsk", eine tieftraurige Ruine, den Stürmen ausgesetzt. Wendland bleibt sich treu: Vor der Wende war er „gegen die verblödeten Ideologen, heute gegen die Verblödung im Zeichen des Euro", sagt er.

Die Stadt Potsdam suchte bis Ende Juli 2014 nach Kaufinteressenten. Sollte sich kein Investor für das ehemalige Terrassenrestaurant „Minsk" zum gewünschten Preis finden, wird es abgerissen. Aktuell werden verschiedene Konzepte und Investoren diskutiert. Ein Tochterunternehmen des Brandenburger Landessportbundes will das „Minsk" auf dem Potsdamer Brauhausberg erwerben. Der Landessportbund Brandenburg

(LSB)[55] hat ein zehnseitiges Konzept vorgelegt und will das ehemalige Restaurant auf dem Brauhausberg kaufen und zur „bewegungs- und gesundheitsorientierten Kindertagesstätte" umgestalten. Der Landessportbund Brandenburg stellt sich per 2014 die Zukunft des „Minsk" als Kita für bis zu 200 Kinder vor. Mit neun bewegungs- und gesundheitsorientierte Kindertagesstätten – davon sechs in Potsdam, z.B. in der Nansenstraße 2 und in der Berliner Straße 27a, einer weiteren in Falkensee und zwei in Brandenburg an der Havel - mit insgesamt etwa 1200 Kindern und über 150 Beschäftigten, soll dort eine zehnte Einrichtung entstehen.

Nach dem Ende des Bewerbungsverfahrens und anschließendem Erwerb hätte der künftige Besitzer des „Minsk" sogar das Recht, das Gebäude abzureißen. Der LSB dagegen will es erhalten. Nach den eigens aufgestellten Kriterien für bewegungsorientierte Einrichtungen soll dann auch diese neue Einrichtung auf dem Brauhausberg konzipiert werden. Doch bedauerlicherweise ist das Gebäude offensichtlich in einem sehr schlechten Zustand. Trotzdem meinen Experten, die Bausubstanz des Betongerüstes sei gut. Und der Rest, wie die Zwischenwände, würde ohnehin rausgerissen werden müssen. Der Vorteil des Gebäudes ist aber die quadratische Grundkonstruktion, die ein gutes Raumkonzept ermöglicht. In Falkensee wurde ein ähnliches Objekt gebaut, mit einem Optimum an Nutzfläche. Von der Grundstruktur ist das „Minsk" gleich. Der Luftschutzbunker unter dem Gebäude ist in der Planung der Umgestaltung

---

[55] Die LSB Sport Service Brandenburg GmbH ist eine 100-prozentige Tochter des Landessportbundes Brandenburg. Sie betreibt neun gesundheits- und bewegungsorientierte Kindertagesstätten.

integriert. Die Stadt Potsdam hat Bedarf für eine neue Kita auch in diesem Wohnviertel. Der LSB wollte in der Vergangenheit schon einmal auf dem Brauhausberg, am Havelblick über dem „Minsk", ein altes Wohnhaus kaufen und dort den zehnten Standort einrichten.

Der Stadtwerke-Geschäftsführer Wilfried Böhme erklärte Ende Juli 2014, das für das ehemalige Terrassenrestaurant „Minsk" am Brauhausberg mehrere Bewerber im Zuge des Interessenbekundungsverfahrens für das verfallende Traditionsobjekt Angebote abgaben. Eine endgültige Entscheidung über die Zukunft des „Minsk" sollte im September 2014 fallen, zog sich aber hinaus. Ausschlaggebend für die Stadtwerke ist die Tatsache, ob der Verkauf des „Minsk" ausreichend rentabel ist, um mit diesen Mitteln den Bau des neuen Bads am Brauhausberg teilweise gegenfinanzieren zu können. Sollte kein Investor gefunden werden, droht unwiderruflich der Abriss des Terrassenrestaurants.

Bald könnte vom Minsk also nichts mehr zu sehen sein, denn der Planung der Stadt Potsdam folgend werden das Terrassenrestaurant und die benachbarte, 1971 erbaute Schwimmhalle, in den kommenden Jahren abgerissen. Keine Chance – auch nicht für denkmalgeschützte, anspruchsvolle DDR-Architektur in zentraler Lage. Der untere Teil des Brauhausbergs soll vermarktet und mit bis zu viergeschossigen Wohn- und Bürohäusern bebaut werden. Auch mit diesem Erlös hofft die Stadt das neue Schwimmbad zu finanzieren. 18 Millionen soll sie kosten, zwölf Millionen sollen die Grundstücke am Brauhausberg bringen.

Strenge Linien, klare Formen: So hatte sich Karl-Heinz Birkholz das Restaurant „Minsk" vorgestellt. Ob nun der verwendete Rotklinker tatsächlich den Bezug zur SED-Bezirkszentrale oben auf dem Berg herstellte ist nicht klar überliefert. Ein Säulengang verband das Restaurant mit der Schwimmhalle. Die DDR-Presse jubelte schon vorab: Der „Brauhausberg im neuen Bild Potsdams" sei das „Juwel einer Stadt", schrieb die „Märkische Volksstimme" am 1. Mai 1970, die damalige Tageszeitung der Stadt Potsdam. Liebevoll als „Schmuckstück" und „Kleinod" wurden die neuen Bauten auf dem Brauhausberg bezeichnet.

Soviel auch rhetorische Kostbarkeiten abgelassen wurden, so knauserig war der klamme Staat bei der Errichtung. „Unser sozialistisches Leben wird schöner! Helfen auch Sie beim Aufbau mit!", warben Großplakate für Spenden, Arbeitsstunden von Betrieben und private Subbotniks[56]. „Unser Ziel: Rohbaufertig als Geburtstagsgeschenk zum 20. Jahrestag unserer Republik!" Schwimmhalle und Terrassenrestaurant wurden also nicht nur für die Bürger errichtet, sondern auch von ihnen. „Hier ist sehr viel Freizeit hineingeflossen", sagt auch Christian Wendland.

Darf man so etwas einfach abreißen? Gerade sieht es so aus, als ob der Kahlschlagplan kippen könnte. Im Herbst 2014 entschied der Stadtrat über die Schwimmbadpläne. Noch zuvor verkündete der Chef der Potsdamer Stadtwerke, Burkhard Exner, die eingeplanten 18 Millionen Euro

---

[56] Der Subbotnik (von russisch subbota ‚Sonnabend') ist ein in Sowjetrussland entstandener Begriff für einen unbezahlten Arbeitseinsatz am Sonnabend, der in den Sprachgebrauch in der DDR übernommen wurde. (Wikipedia)

reichten nicht aus. Mit fünf Millionen komme eine Sanierung der alten DDR-Halle viel billiger. Das alte Bad mit dem geschwungenen Dach, dessen Vorbild in Dresden unter Denkmalschutz steht, könnte also noch eine Chance bekommen. Es wäre das Ende einer jahrelangen Debatte. Am Brauhausberg errichtet der brasilianische Star-Architekt Oscar Niemeyer derzeit ein Spaßbad. Seine Pläne zerschlugen sich zunächst, werden aber nun doch auf dem Brauhausberg umgesetzt. Dieses Projekt ist letztendlich schuld daran, dass die alte Schwimmhalle mit ihrer 50-Meter-Bahn und das benachbarte „Minsk" nicht unter Denkmalschutz gestellt wurden. Eine Ermunterung zum Denkmalschutz für das „Minsk" liegt bei Landeskonservator Detlef Karg in Wünsdorf, abgeschickt von der Initiative „Pro Brauhausberg". Eigentlich wollen die Aktivisten eine Bebauung der Grünflächen auf dem Hang verhindern - aber für einige ist die Debatte um die Ostmoderne wohl ein Mittel zum Zweck.

Wendland, der sich auch bei der Initiative engagiert, liegt sowohl das Grün des Berges als auch der Beton am Herzen. Der Architekt ist zudem Mitglied im Landesdenkmalbeirat und will darüber versuchen, dem Denkmalschutzantrag Nachdruck zu verleihen. „Dessen Prüfung könnte Monate dauern", sagt Landeskonservator Karg. Für den Architekten Wendland liegt der Denkmalwert auf der Hand. Er steht zwischen Glasscherben und jungen Birken auf der überwucherten Terrasse der Restaurantruine, hinter sich der verrammelte Eingangsbereich, die zerschlagenen Scheiben, die demolierte Einrichtung. Ein Laie würde Waschbeton niemals schön finden, Wendland findet ihn sogar wichtig und meint: „Das war damals der Trend im Westen, und hier setzte es ein Architekt auch in der DDR durch, das ist doch ein Erfolg!"

Das ganze Ensemble hat für ihn einen künstlerischen Anspruch, „den es in seiner Zeit auch erfüllte." Ideologie am Bau wird dabei nicht zur Diskussion gestellt, denn „der Architekt Karl-Heinz Birkholz war kein Genosse. Und überhaupt, was heißt hier, die DDR hat es gebaut? Das waren wir, die Bürger!" Der Denkmalexperte Christian Wendland steht vor gespanntem Flatterband und meterlangen Bindfäden, die von Luftballons in die Höhe gezogen werden. „Hier", sagt Steffen Pfrogner, Architekt aus Potsdam, und zeigt auf die improvisierte Markierung, „werden dominante große Stadtvillen entstehen." Dass ihm dieser Plan nicht gefällt, ist deutlich herauszuhören. Sie stehen auf halber Höhe des Brauhausberges, nahe des Potsdamer Hauptbahnhofs.

Seit 1993 ist die Neugestaltung des Brauhausberges Thema der Potsdamer Stadtpolitik. Die erste Planung zog bereits die benachbarte Speicherstadt mit ein. Wohnungen sollten auf beiden Seiten der Leipziger Straße entstehen, zentrumsnah und gut an das Verkehrsnetz angebunden. Dann geschah jahrelang nichts. Erst 2003 wurden die Pläne für den Brauhausberg und die Speicherstadt getrennt voneinander betrachtet - um der Unterschiedlichkeit der beiden Bereiche gerecht zu werden, so die offizielle Begründung.

Eine Etappe wurde umgesetzt und in der Speicherstadt an der Havel entstanden im Jahr 2014 Eigentumswohnungen mit Havelblick und einem großem Andrang von Interessenten. Auf dem Brauhausberg herrscht hingegen weiter Stillstand. Zum maroden Schwimmbad und den Überresten des Terrassenrestaurants „Minsk" hat sich inzwischen auch noch der leerstehende ehemalige Brandenburgische Landtag gesellt.

Die Tage des alten Schwimmbades sind gezählt und Potsdam bekommt sein neues Freizeitbad. Nach langem Streit wird unterhalb des Schwimmbades seit dem 5. Dezember 2014 gebaut. Zuvor standen die Kosten für den Bau auf dem Brauhausberg in der Kritik. Denn es wird nicht irgendein Spaßbad - der Entwurf stammt von den Architekten Gerkan, Marg und Partner, die auch den Flughafen BER planten. 36 Millionen Euro kostet nun das Projekt „Sport- und Freizeitbad", Ende 2016 soll der Bau fertig sein. Bleibt noch die Zukunft der Ruine des Terrassenrestaurants „Minsk". Als letzter Rettungsversuch sollte eine Kindertagesstätte das Gebäude vor dem Abriss bewahren. Im Juli 2015 gab die Sozialdezernentin vor den Stadtverordneten bekannt, „dass es für eine vom Landessportbund (LSB) in dem Gebäude geplante sportbetonte Kindertagesstätte mit bis zu 220 Plätzen keine Bedarf gebe"[57]. Doch die Aufnahme des „Minsk" in die Kita-Bedarfsplanung war eine Bedingung für die Übergabe der Immobilie.

---

[57] http://www.maz-online.de/Lokales/Potsdam/Keine-Chance-fuer-das-Minsk, von Volker Oelschläger, Artikel veröffentlicht: Mittwoch, 01. Juli 2015

Mittlerweile gibt es mehrere Initiativen, die sich für den Erhalt der Ostmoderne in Potsdam einsetzen. Am 5. September 2015 lud der Verein „Potsdamer Mitte neu denken" zu einem öffentlichen Symposium in das Gebäude der Fachhochschule (FHP) am Alten Markt ein. Das Ziel der Veranstaltung war die kritische Hinterfragung der Umgestaltung des Potsdamer Stadtzentrums und zum anderen den Wert der Nachkriegsmoderne und Ostmoderne hervorzuheben. Durch Vorträge und Diskussionen wurde eine fruchtbare Auseinandersetzung mit der Architekturgeschichte der Stadt, sowohl in der Vergangenheit als auch für die Zukunft angeregt. Verschiedene Referenten aus der Republik, wie Christian Klusemann von der Uni Marburg, Irma Leinauer aus Berlin, Edda Campen und Joos van den Dool aus Potsdam, gaben kulturhistorische Überblicke zur baulichen Geschichte der Stadt Potsdam aus teilweise neuen Blickwinkeln und boten Argumente zum Erhalt einzigartiger Gebäude, wie das des ehemaligen Instituts für Lehrerbildung (IfL) mit einer an die Nikolaikirche orientierten Pergola, oder das Ensemble der Breiten Straße.

5. Die Ostmoderne und Potsdam

Die Nachkriegsarchitektur der DDR wird nach den Forschungen von Andreas Butter und Ulrich Hartung in Perioden eingeteilt. Mit dem Buch „Ostmoderne" führten sie einen neuen Begriff ein, der inzwischen mehrheitlich angewendet wird[58]. Nach dem sich vergrößernden zeitlichen Abstand wird der Begriff „Ostmoderne" als eigenständiges Phänomen der Baugeschichte immer erkennbarer. Es geht um Bauten, die in den Jahrzehnten des real existierenden Sozialismus aus dem Boden gestampft wurden. Neben den Plattenbausiedlungen als Massenwohnungsbauten gehören auch die Gesellschaftsbauten dazu. Immer intensiver bewegt sich die Erforschung und angemessene Instandsetzung von Denkmalen und erhaltenswerten Bauten der Ostmoderne durch die Reihen der Architekten und Wissenschaftler.

Einigkeit besteht mittlerweile darin, wie bedeutungsvoll die DDR- Bauten sind, die in der Zeit von 1960 bis 1980 entstanden sind und künftig ausreichend Aufmerksamkeit und Fingerspitzengefühl hinsichtlich eines behutsamen Umgangs verdienen. So wird ein Projekt mit dem Arbeitstitel „Denkmalschutz und Denkmalpflege der Ostmoderne - Eine Zwischenbilanz zum Umgang mit der Architektur aus der DDR der Jahre 1960 bis 1980" unter der Leitung von Dr. Roman Hillmann aus Berlin, von zahlreichen namhaften Baudenkmalpflegern, Bauhistorikern und Architekten

---

[58] Andreas Butter, Ulrich Hartung: Ostmoderne. Architektur in Berlin 1945–65, Berlin 2005

begleitet und von der Wüstenrot Stiftung getragen. Viele dieser Bauwerke sind bereits zerstört oder eingreifend verändert. Auf dem Gebiet der ehemaligen DDR kommt erschwerend hinzu, dass diese Bauten ein überwundenes politisches System repräsentieren bzw. von diesem System stammen und allein deswegen bei vielen unbeliebt sind.

Das Terrassenrestaurant „Minsk" und die Schwimmhalle am Brauhausberg, zwei Solitärarchitekturen, bilden eingebettet in eine zwischenzeitlich zerstörte, jedoch nicht unwiederbringliche Landschaftsgestaltung eine bewahrenswerte städtebauliche Einheit der Nachkriegsmoderne in Potsdam. Dennoch wurde der Antrag auf Denkmalschutz abgelehnt.

6. Nachbetrachtung

Durch die Potsdamer Bombennacht vom 14. April 1945 wurden große Teile der Innenstadt zerstört. An einem Wiederaufbau war aufgrund fehlender Gelder sowie fehlendem Gerät und Material um einen historischen Wiederaufbau überhaupt zu stemmen, nicht zu denken. Stark beeinflusst durch die Politik der SED hieß die vorrangige Aufgabe nach dem Kriegsende: Schaffung von preiswertem Wohnraum und kulturellen und öffentlichen Einrichtungen in zweckmäßiger Architektur. Das Potsdamer Stadtbild wird bis heute von Plattenbauten geprägt, aber nicht ausschließlich. Bereits in den 1950er Jahren gab es Bestrebungen des Wiederaufbaus von Stadtschloss und diversen Bürgerhäusern.

Neben der Schwimmhalle und dem „Minsk", gibt es nun auch für das Gebäude des ehemaligen Reichsarchivs und Heeresarchivs, bzw. des ehemaligen Brandenburgischen Landtages konkrete Perspektivpläne.

Die Brandenburger Parlamentarier tagen bereits seit Januar 2014 im neu erbauten Stadtschloss am Alten Markt. Der alte Potsdamer „Kreml" auf dem Brauhausberg steht seit dem leer. Seit Herbst 2014 sollten über das Finanzministerium per Ausschreibung Investoren gefunden werden. Pläne gab es einige, von Wohnungen bis zum Hotel – oder gar „wissenschaftsnahe Gewerbebetriebe", wie es in den Vorlagen der Stadtverordneten heißt. Frühestens 2018 würde das Deutsche Geoforschungszentrum auf der Rückseite des mächtigen Fachwerkbaus neu bauen.

Bisher ist in Potsdam nahezu jedes Bauprojekt strittig – ob das Stadtschloss, die Lustgartengestaltung mit dem Hotel Mercure, die Garnisonkirche in der Breiten Straße, der Staudenhof an der Nikolaikirche mit dem ehemaligen Institut für Lehrerbildung (IfL). Die Fronten zwischen den Freunden des Vorkriegszustandes und den Modernisten, den Verfechtern der Ostmoderne, sind dabei verhärtet und zum Teil unversöhnlich. Für die Ostmoderne scheint es keine Kompromisse zu geben.

7. Anlagen

7.1 Speisekarte des Terrassenrestaurants „Minsk"
Kaffeekarte des „Minsk"

Abb. 50 - Die Kaffeekarte des Terrassenrestaurants "Minsk", ca. 1985

Abendkarte des „Minsk"

Abb. 51 - Die Abendkarte des Terrassenrestaurants „Minsk", ca. 1985

7.3 Illustrierter Lageplan des Brauhausberges

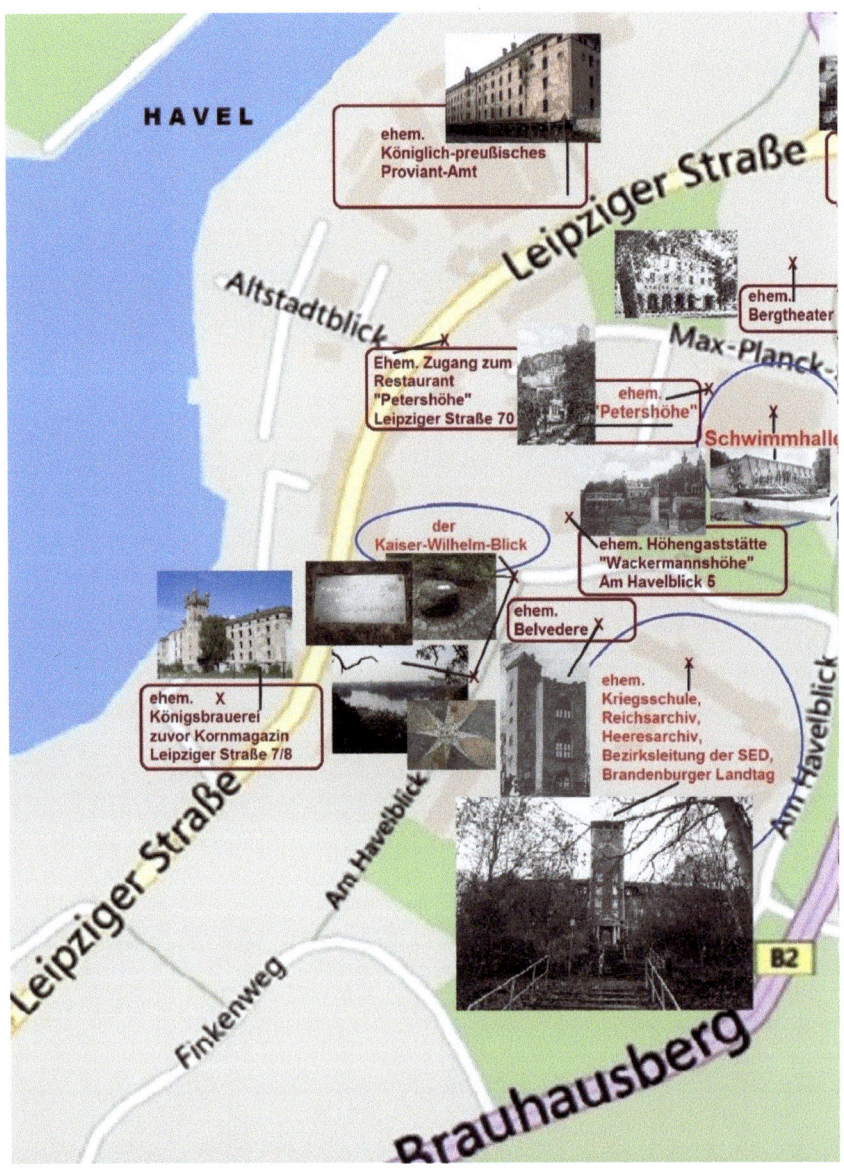

7.3 Illustrierter Lageplan des Brauhausberges

7.4 Brauhausberg-Chronik

1465	Stiftung der Schützengilde zu Potsdam durch Kurfürst Friedrich II. (1440-1470)
1515	Die Hänge des Berges werden erstmals erwähnt, im Zusammenhang mit dem Anlegen eines Kurfürstlichen Weinberges, umgeben von einem großzügigen Tiergarten. Potsdamer Wein wurde hier bis um 1700 angebaut und gekeltert.
1631	Mai - Feldlager des schwedischen Heeres unter Gustav II Adolf (1594-1632) auf dem Brauhausberg errichtet.
1683	Die Teltower Vorstadt wird von Samuel de Suchodoletz (1649-1723) vermessen und erstmals auf eine Karte gebannt.
1703	Bau eines Schießplatzes für die Potsdamer Schützengilde am östlichen Hang des Brauhausberges sowie des Restaurants „Schützenkrug" an der westlichen Seite.
1716	Errichtung der königlichen Brauerei im ehemaligen Kornmagazin von 1688. Mit diesem Ereignis bekam der Berg seine Bezeichnung „Brauhausberg". Für den An- und Abtransport ließ der König dorthin eine Landstraße anlegen, die 1804 zu einer Chaussee ausgebaut wurde.
1724	Die spätere Straße entsteht als Landstraße.
1752	Neunzehn Hauser für „ausländische" Maurer- und Zimmergesellen am Brauhausberg werden errichtet und bilden die Schützenstraße (heute: Max-Planck-Straße).

1802	Anbauten am Schützenhaus der Potsdamer Schützengilde am Brauhausberg.
1802/ 1803	Auf dem noch unbebauten Gipfel des Brauhausberges lässt Friedrich Wilhelm III. (1797-1840) für seine Gattin, Königin Luise, ein Belvedere durch den Architekten A.L. Krüger (1743-1822) errichten. Es bot sich von dort ein herrlicher Ausblick auf die Stadt. Angeregt worden könnte er sein durch: La Maison du Désert bei Marly (F. Barbier um 1780): gotischer Aussichtsturm im Park von Morfontaine; „Alter und halbverfallener Turm von Mont-Epiloy"; Burg Fürstenstein (Schlesien) gebaut zwischen 1790 und 1800 durch Graf Hochberg; „Gotischer Ruinenturm" in Paretz.
1803	Auf dem Brauhausberg entsteht unter Leitung des Baumeisters A.L. Krüger das Belvedere als Aussichtsturm.
1805	Auf- und Anbauten am Schützenhaus der Schützengilde am Brauhausberg.
1805	3. November – über dem Sarg Friedrichs II. schließt Friedrich Wilhelm III. den Freundschaftsbund mit Alexander I. von Russland.
1806	24. September – Napoleon zieht als Sieger in Potsdam ein und lässt zahlreiche Kunstschätze nach Paris schaffen.
1808	19. November – Einführung der Städteordnung in Potsdam.
1809	30. November – Einführung der Königlichen Polizeidirektion zu Potsdam.

1813	Eingemeindung der Teltower Vorstadt.	
	Der Brauhausberg wird gegen den drohenden napoleonischen Angriff befestigt. Bürger und Landsturmleute errichten in der Teltower Vorstadt, auf dem Brauhausberg Schanzenanlagen zur Verteidigung der Stadt.	
	22. Januar – König Friedrich Wilhelm III. verlässt Potsdam und reist nach Breslau.	
1821	11. August – König Friedrich Wilhelm III. genehmigt den Bau des Teltower Tores an der Langen Brücke nach den Plänen Karl Friedrich Schinkels.	
1823/ 1825	Bau der 4. „Langen Brücke", als Konstruktion massiver Pfeiler mit Überbauten aus Gusseisen, durch A.A. Günther (1779-1842). Torhäuser von Karl Friedrich Schinkel. Aufzugsmechanismus von G.E. Prüfer (1805-1861). Bau des Teltower Tores nach dem Entwurf von Karl Friedrich Schinkel (1781-1841).	
1825	Gastwirt John kauft das Wohnhaus „Palast Barberini" Humboldtstr. 5-6, das bis dahin den Kaufleuten Lovie und Coulon gehörte. Er betreibt darin die Gastwirtschaft „Zum Schwarzen Adler".	
1829	Gegenüber der Königsbrauerei (Leipziger Str. 7/8) wird 1829 die Potsdamer Stangenbierbrauerei der Brauerei Adelung und Hoffmann errichtet (Leipziger Str. 60).	
1829/ 1830	Neubau des Schützenhauses der Schützengilde am Brauhausberg. Architekt ist Chr. H. Ziller.	

1832	Bau eines optischen Telegraphen auf dem Potsdamer Telegrafenberg als „Station 4" der optischen Telegrafenlinie Berlin-Koblenz.
1838	Entstehung der ersten deutschen Eisenbahnwerkstatt in der Nähe des Bahnhofes auf dem Gelände des ehemaligen Potsdamer Gutes. Zunächst werden unter Anleitung englischer Ingenieure Lokomotiven und Wagen aus England instand gehalten. Am 1. November nehmen erstmals vier deutsche Handwerker hier ihre Arbeit auf.
1839	Auf der hangabwärts gerichteten Seite der Schützenstraße gründet der Kartograph und Geograph Heinrich Berhaus eine „Geographische Kunstschule" (1839-1848) als Ausbildungsstätte für Kartographen und Kupferstecher, deren Kartenwerke den Namen „Potsdam" um die Welt tragen.
1841	Umbau des Kornmagazins in der Leipziger Str. 7/8 nach einem „maurischen Monument" (Vorlage: Bauten in Segovia aus „Ansichten von Spanien nach Roberti").
1841/ 1842	Bau der Moschee an der Neustädter Havelbucht. Den Entwurf für dieses orientalische Gebäude, hinter dem sich das Wasserpumpenwerk zum Betrieb der Fontänen im Park Sanssouci verbirgt, fertigte Ludwig Persius. Die Dampfmaschine der Firma Borsig wird bis 1894 genutzt.
1844	27. Januar - Erweiterung des Schützenhaus-Grundstückes der Schützengilde am Brauhausberg für einen Schützenplatz.
1845	1. Oktober - Gründung der Militärschule des Großen Potsdamer Militär-Waisenhauses.

1848/ 1849	Anbau eines 2. Saales für das Schützenhaus der Schützengilde am Brauhausberg.
1850	17. September - Die erste Ausgabe der „Potsdamer Tageszeitung" erscheint in einer Auflagenhöhe von 1800 Stück.
1851	Das Kolonistenhaus Nr. 2 (heute Nähe Schützenstraße) aus der friderizianischen Zeit verkauft der Erbe Wackermann an die Familie Hoffmann. Daraufhin entsteht dort die bekannte Höhengaststätte „Wackermannshöhe", in der das legendäre Potsdamer Stangenbier ausgeschenkt wurde.
1853	Große Halle im Garten des Schützenhauses der Schützengilde am Brauhausberg.
1859	Potsdam erhält eine Kriegsschule, die in den folgenden Jahren an wechselnden Standorten untergebracht wird, 1859-1878 in Kasernen Berliner Str. 6-8, 13-17; 1878-1902 in Bürgerhäusern Waisenstr. 30-34, 1902 bis 1918 in einem 1899 und 1902 errichteten Neubau (Architekt: F. A. Schwechten) auf dem Brauhausberg.
1859/ 1878	Kriegsschule in der Berliner Str. 6-8 sowie 13-17 (ehemalige Kasernen).
1868	28. Juli - Großbrand im Schützenhaus der Schützengilde Potsdam am Brauhausberg.
1873	In unmittelbarer Nähe des Restaurationsgartens „Wackermanns Höhe" entsteht ein Pavillon im Stile eines antiken Tempels. Der Brauhausberg wird in den folgenden Jahrzehnten immer dichter bebaut.

1878/ 1902	Kriegsschule befindet sich in den ehemaligen Bürgerhäusern Waisenstr. 30-34 (heute Dortustraße)
1886	Abriss des Teltower Tores an der Langen Brücke und des östlichen Torhauses.
1888/ 1890	Bau des meteorologisch-magnetischen Observatoriums auf dem Telegraphenberg. Architekt ist P. Spieker. 1897 wird ein Erweiterungsgebäude für erdmagnetische Feinmessungen errichtet.
1893	Der Verkehrsverein Potsdam wird gegründet.
1899/ 1902	Baubeginn für die Kriegsschule auf dem Brauhausberg. Architekt ist F.H. Schwechten, Ausführung durch Klingelhöffer und Meyer. (Fertigstellung 1902). Ab 1919 ist hier das Reichsarchiv untergebracht.
1902	Die „Lange Brücke" wird in „Kaiser-Wilhelm-Brücke" umbenannt.
	2. August - Einweihung der Kriegsschule auf dem Brauhausberg. Sie wurde dort eingerichtet, weil sich die in der Stadt verstreuten Einrichtungen nicht bewährten.
	Einweihung der Aussichtsplattform „Kaiser-Wilhelm-Blick" auf dem Brauhausberg unterhalb der Kriegsschule.
1919	1. Oktober - Das Reichsarchiv wird als Zentralarchiv des Deutschen Reiches gegründet und nimmt auf dem Brauhausberg seine Arbeit auf. Es wird in dem Gebäude der Kriegsschule untergebracht und verbleibt dort bis 1945. Hier wurden das gesamte Urkunden- und Aktenmaterial der Reichsbehörden und des Heeres (ab 1867) sowie die Archive des Wetzlarer Reichs-

	kammergerichts, des Deutschen Bundes und der Frankfurter Nationalversammlung verwahrt.
1924	11. August - Der Architekt der Kriegsschule - Franz Schwechten verstirbt (geb. 12. August 1841).
1925	Die Stadt Potsdam erwirbt ein 700 Morgen großes Forstgelände südlich des Brauhausberges, um das Projekt „Wald-Potsdam" zu realisieren. Eine neue Straße und eine Straßenbahnlinie werden angelegt.
1925	20. Oktober - Die aus Königsberg nach Potsdam verlegte Höhere Lehranstalt für praktische Landwirte wird im Saal des Gemeindehauses auf dem Brauhausberg eröffnet.
1927	Im Januar wird mit dem Bau einer neuen Umgehungsstraße „Am Brauhausberg" begonnen.
1929	Abriss des alten Schützenhauses aus dem 19. Jahrhundert.
1930	5. Juni - nimmt die Straßenbahnlinie vom Leipziger Dreieck zum neu erbauten Schützenhaus (1928-1930) an der Michendorfer Chaussee ihren Betrieb auf. Die neue Linie ist bis nach Caputh geplant.
1935	In den Jahren 1935 entstehen neue Wohnungen am Schützenplatz.
	Fritz Schopohl baut die Kriegsschule in Potsdam (1899–1902 von Franz Schwechten) nach eigenen Entwürfen von 1934 zum Reichsheeresarchiv um.
1936	Das Heeresarchiv wird aus dem Reichsarchiv ausgegliedert und

	selbständig geführt. Das Reichsarchiv wird um das Magazingebäude erweitert, der Burgturm des Reichsarchivs von 64 auf 50 Meter abgestockt.
1940	Das moderne Kino „Bergtheater" mit 700 Sitzplätzen wird am 5. Dezember 1940 in der Leipziger Straße 73-74 eröffnet. Der Entwurf des Neubaus stammt von dem Architekten Heinrich L. Dietz.
1945	Der Bombenangriff der Royal Air Force am 14. April 1945 verändert große Teile des bebauten Brauhausberges in ein Trümmerfeld, mehr als die Hälfte des Aktenbestandes verbrennt und geht verloren.
1946	27. Oktober - Grundsteinlegung für ein Opfer-des-Faschismus-Denkmal der Provinz Brandenburg in unmittelbarer Nähe des schwer geschädigten Reichsarchivs.
1949	Der Gebäudekomplex des ehemaligen Reichsarchivs wird Sitz der SED-Landes-, später SED-Bezirksleitung (im Volksmund „Kreml")
1950	Schützenhaus der Schützengilde Potsdam am Brauhausberg nicht mehr erhalten.
1968	Errichtung und Inbetriebnahme einer Schuttzerkleinerungsanlage für die Zerkleinerung der gesprengten Ruinenteile der Garnisonkirche am Brauhausberg.
1969	Baubeginn der Schwimmhalle „Am Brauhauberg" (Fertigstellung 1971).

1970/1971	Baubeginn des Terrassenrestaurants „Minsk" (Fertigstellung 1977).
1970/1971	7. Oktober - Eröffnung der Schwimmhalle „Am Brauhausberg".
1977	7. November - Einweihung des Terrassenrestaurants „Minsk". Zur selben Zeit wird in der Hauptstadt Belorusslands Minsk, die Potsdams Partnerstadt ist, ein Restaurant „Potsdam" eröffnet.
1990	Bundesland Brandenburg mit der Landeshauptstadt Potsdam wird gebildet.
1991	Der Landtag Brandenburg zieht in den Gebäudekomplex der vormaligen SED-Bezirksleitung auf dem Brauhausberg ein.
2005	Großflächige Zerstörung der Grün- und Fontänenanlagen, Rosengärten, der von Bonnern gestifteten Rosenstöcke sowie durch die Firma Fielmann gespendeten Bäumen im Zuge des geplanten Niemeyer-Spaß-Bad-Baus. So entsteht die teuerste Wiese Europas.
2010	Die Stadt veröffentlicht Ihren Masterplan zur dichtflächigen Bebauung der 2005 geschaffenen Brachfläche durch das Architektenbüro Krier und Kohl.
2011	Die Bürgerinitiative „Pro-Brauhausberg" gründet sich.
2015	Im Frühjahr Beginn des Baus zum Freizeitbad unterhalb der Schwimmhalle

Literaturverzeichnis

ARCHITEKTUR DER DDR – Nr. 10/1979 - DDR Zeitschrift

BARTMANN-KAMPA, INGRID (Hrsg.) (2009): Denkmalpflege in Sachsen: Mitteilungen des Landesamtes für Denkmalpflege Sachsen. Jahrbuch 2008 Taschenbuch. Landesamt für Denkmalpflege Sachsen.

BEZJAK, ROMAN (2011): Sozialistische Moderne. 160 Seiten. 76 farbige Abbildungen.

BIRKHOLZ, KARL-HEINZ (1979): Terrassenrestaurant 'Minsk' in Potsdam. In: Architektur der DDR, Heft 10-1979, S. 620-624.

BUTTER, ANDREAS / HARTUNG, ULRICH (2005): Ostmoderne. Architektur in Berlin 1945–65, Berlin.

COSMAR, ALEXANDER / MORIN, F.H. (1841): Neuester und vollständiger Wegweiser durch Potsdam und seine Umgebung für Fremde und Einheimische. Berlin.

ESCHERICH, MARK (Hrsg.) (2012): Denkmal Ost-Moderne - Aneignung und Erhaltung des baulichen Erbes der Nachkriegsmoderne. zahlr. Abb. 272 Seiten.

FABIAN, FRANZ (1974): Land der Havel. VEB F.A. Brockhaus Verlag Leipzig.

GIERSBERG, HANS-JOACHIM / KNITTER, HARTMUT (1985): Tourist Stadtführer-Atlas Potsdam. 5. Auflage. Berlin/Leipzig

GOMMERT, NATALIE (2011): Der Vedutenberg Potsdams - der Brauhausberg. In: POTSDAMLIFE - Der Blick in die Landeshauptstadt. Ausgabe 24. S. 47.

GRIEP, OTTO (Hrsg.) (1992): Potsdam in alten Ansichtskarten. Würzburg. S. 87.

HAHN, PETER-MICHAEL (2003): Geschichte Potsdams. Verlag C.H. Beck. S. 158.

HÜLIMANN MARTIN unter Mitarbeit von ORTWIN RAVE, PAUL (Hrsg.) (1933): Die Residenzstadt Potsdam – Berichte und Bilder. Atlantis Verlag GmbH Berlin.

KANIA, HANS: Potsdamer Baukunst. Eine Darstellung ihrer geschichtlichen Entwicklung. Potsdam 1915

KUTSCHMAR, ARIBERT / KARN, HEINZ (1980): Architekturführer DDR - Bezirk Potsdam. S. 59. Berlin.

LANDESHAUPTSTADT POTSDAM (2011): Terrassenrestaurant „Minsk"/ Schwimmhalle am Brauhausberg - Anregung auf Unterschutzstellung gemäß dem Brandenburgischen Denkmalschutzgesetz.

LANDTAG BRANDENBURG (Hrsg.) (2010): Von der Kriegsschule zum Parlament. Historische Notizen zum Gebäudekomplex Am Havelblick 8. 5. Auflage. 2010

NICOLAI, ALFONS (1904/2012): Geschichte der Kriegsschule in Potsdam. Herausgegeben am Geburtstage Sr.Majestät des Kaisers 1904. Lichtdruckbildern. Facsimile 2012. Klaus-Dieter Becker (Bearbeitung). Berlin 1904.

PETRI, CHRISTIANE (2000): Potsdam und Umgebung. Sinnbild von Preußens Glanz und Gloria. Verlag DuMont. Ostfildern.

PHILIPP, HANS J. (1919/1920): Zu den Abbildungen von Bauten aus dem Wiederaufbau Ostpreußens. In: Wasmuths Monatshefte für Baukunst, Jahrgang 1919/1920, Heft 11/12.

Potsdamer gestalten ihren Vedutenberg. Dokumentation der vom Pro-Brauhausberg e. V. durchgeführten öffentlichen Ideenwerkstatt zur städtebaulichen Entwicklung am und um den Brauhausberg in der Landeshauptstadt Potsdam, am 26.11.2011 im Humboldt-Gymnasium in Potsdam. (PDF-Dokument, 85 Seiten; 12,5 MB)

SCHENKE, GÜNTER (2006): Denkmal am Brauhausberg. Außer einer Grundsteinlegung im Oktober 1946 passierte nichts. In: Potsdamer Neueste Nachrichten. 15. März 2006. Potsdam.

Schreiben der Bürgerinitiative Pro-Brauhausberg an das Brandenburgische Landesamt für Denkmalspflege und Archäologisches Landesmuseum vom 29.07.2011

Seit 16 Jahren residieren die Landtagsabgeordnete auf dem Potsdamer Brauhausberg, ehemaliger Sitz der SED-Bezirksleitung. Jetzt streiten sich die Koalitionäre von SPD und CDU über Retuschen an der um 1900 erbauten Reichskriegsschule (2007). In: Lausitzer Rundschau. 14. November 2007.

WERNICKE, THOMAS / GÖTZMANN, JUTTA / WINKLER, KURT (Hrsg.) (2010): Potsdam Lexikon Stadtgeschichte von A bis Z. Berlin.

ZECHLIN, HANS JOSEF (1940): Vorstädtische Wohnhäuser. Architekt: Fritz Schopohl. In: Monatshefte für Baukunst & Städtebau. 24. Jahrgang 1940.

Abbildungsverzeichnis

Abb. 1 - Blick vom Brauhausberg auf Potsdam, gemalt von Johann Friedrich Meyer, 1772, Repro: Fröhlich 9

Abb. 2 - Der Blick von der Nikolaikirche über die Humboldtstraße und Lange Brücke auf den Brauhausberg und Telegrafenberg im Hintergrund, Aufnahme Fröhlich (2015) 11

Abb. 3 - Blick vom Brauhausberg auf den Alten Markt von Potsdam, Aufnahme um 1910 13

Abb. 4 - Aussicht vom Brauhausberg auf die Stadt Potsdam, Aufnahme von 1985 13

Abb. 5 - Schützenstraße mit Schützenhaus (links im Bild) am Osthang des Brauhausberges, Aufnahme von 1913 15

Abb. 6 - Schützenplatz mit Schützenhaus und der Saarmunder Straße, Aufnahme 1910 15

Abb. 7 - Brauhausberg, der Standort des ehemaligen Schützenhauses, Aufnahme Fröhlich (2015) 16

Abb. 8 - Anzeige aus dem „Allgemeinen Wohnungsanzeiger für die Königliche Residenz-stadt Potsdam und Umgebung auf das Jahr 1874". 16

Abb. 9 - Das Belvedere auf dem Brauhausberg, Verlag H.P. No. 25, Aufnahme um 1910 18

Abb. 10 - Der Standort des ehemaligen Belvederes auf dem Brauhausberg von 1804, Aufnahme Fröhlich (2015) 18

Abb. 11 - Auf dem Gelände des ehemaligen Brandenburger Landtages sind vermutliche Reste des einstigen Belvedere zu erahnen, Aufnahme Fröhlich (2015) 18

Abb. 12 - Das ehemalige Kino „Bergtheater" in der Leipziger Straße 73-74 unterhalb der Schwimmhalle, Aufnahme um 1940 21

Abb. 13 - Die zweite Sichtachse des „Kaiser-Wilhelm-Blick" mit der steinernen Bank, Aufnahme Fröhlich (2015) 27

Abb. 14 - Blick auf Potsdam-West mit Sanssouci und der Kuppel des Neuen Palais,   Aufnahme Fröhlich (2015) 27

Abb. 15 - Gedenkstein mit Gedenktafel für die Plattform des „Kaiser-Wilhelm-Blick", Aufnahme Fröhlich (2015) 29

Abb. 16 - Ansicht der Kriegsschule, von Schwechten erbaut und fertig gestellt 1902, Aufnahme von 1908 32

Abb. 17 - Der Baukomplex des Architekten Fritz Schopohl, zuletzt Sitz des Brandenburger Landtages, Aufnahme Fröhlich (2014) 32

Abb. 18 - Lageplan des Proviantamtes an der Leipziger Straße, Skizze entstand um 1900 35

Abb. 19 - Höhengaststätte „Wackermannshöhe" mit der Kriegsschule im Hintergrund, Aufnahme um 1910 38

Abb. 20 - Das Restaurant „Wackermannshöhe", Inhaber: A. Kremer, Aufnahme 1915 38

Abb. 21 - Reste der „Wackermannshöhe", diente bis 2015 als Wohnhaus, Aufnahme Fröhlich (2013).. 39

Abb. 22 - Am Havelblick 5 - die ehemalige Höhengaststätte „Wackermannshöhe", Aufnahme Fröhlich (2013) 39

Abb. 23 - Ein Blick auf die ehemalige Gaststätte „Wackermannshöhe" und dem einstigen Wohnhaus, Aufnahme Fröhlich (2015) 40

Abb. 24 - Die Erste Potsdamer Tanzdiele „Petershöhe" befand sich in der Leipziger Straße 28, die auch einen Zugang von der Schützenstraße 5 (heute Max-Planck-Straße) hatte. Kunstverlag J. Goldiner Berlin, Aufnahme um 1930 41

Abb. 25 - Das Restaurant „Petershöhe" mit dem Zugang von der Leipziger Straße 28. Inhaber V. Bormkam, Aufnahme um 1930 42

Abb. 26 - Etikett für das „REX-Pils" des VEB Brauerei Potsdam, vor 1990 43

Abb. 27 - Die unter Denkmalschutz stehende Brauereigebäude in der Albert-Einstein-Straße (ehemalige Luckenwalde Straße) während des Sanierung zu Eigentumswohnungen, Aufnahme Fröhlich (2015) 46

Abb. 28 - Die Schwimmhalle am Brauhausberg mit Blick auf die Außenanlagen, Quelle: Kunstanstalt Straub & Fischer Meiningen 49

Abb. 29 - Innenansicht der Schwimmhalle, heute: „Bad am Brauhausberg", Aufnahme um 1975 49

Abb. 30 - Metallrelief „Die Badende" von Prof. Werner Nerlich am Giebel der Schwimmhalle, Aufnahme Fröhlich (2015) 50

Abb. 31 - Eine Pergola mit Treppenstufen als unterbrochene Verbindung zwischen Terrassenrestaurant „Minsk" und der Schwimmhalle, Quelle: Architektur der DDR 10/1979 51

Abb. 32 - Der Pergola-Gang an der Schwimmhalle, heute: „Bad am Brauhausberg", Aufnahme Fröhlich (2015).. 51

Abb. 33 und 34 - Aufruf der Stadt Potsdam an die Bürger und Betriebe zum Aufbau der Schwimmhalle von 1979, Quelle: Thomas Hintze, www.pro-brauhausberg.de 55

Abb. 34 - Blick vom Treppenaufgang am „Minsk" auf die 1971 fertig gestellte Schwimmhalle, auf das Hotel „Mercure" und den Alten Markt mit der Nicolaikirche, Aufnahme Fröhlich (2014) 56

Abb. 35 - Lageplan des Brauhausberges von 1979 mit dem Terrassenrestaurant „Minsk" und der Schwimmhalle, Quelle: Architektur der DDR 10/1979 58

Abb. 36 - Der Grundriss des Erdgeschosses, Quelle: Architektur der DDR 10/1979 64

Abb. 37 - Der Grundriss des Obergeschosses, Quelle: Architektur der DDR 10/1979 65

Abb. 38 - Die Rosette auf dem Gebäude der ehemaligen Nationalitätengaststätte „Minsk", auf der die Kathedrale der Heiligen Jungfrau Maria in Minsk dargestellt ist, Aufnahme Fröhlich (2015) 66

Abb. 39 - Erkennbar sind deutliche Spuren des Vandalismus, Aufnahme Fröhlich (2014) 71

Abb. 40 - Schnitt des Terrassenrestaurants „Minsk", Quelle: Architektur der DDR 10-1979 75

Abb. 41 – Der Zugang zur Gaststätte von der Terrasse aus, die Türgriffe an den Flügeltüren aus Mooreiche gearbeitet, Aufnahme von 1979, Quelle: AdDDR-10-1979 75

Abb. 42 - Der Treppenaufgang vom Erdgeschoss zum Gaststättenbereich im Obergeschoss, Quelle: Architektur der DDR 10-1979 78

Abb. 43 - Zustand des Treppenaufgangs bei einer Begehung im Dezember 2011, Aufnahme von Thomas Hintze 78

Abb. 44 - Noch immer erkennbar und teilweise erhalten ist das rotweiße Ornamentband aus glasiertem Mittelmosaik an der Hochterrasse, Aufnahme Fröhlich (2015) 79

Abb. 45 - Das Restaurant im 1. Obergeschoss, Aufnahmen von 1979 80

Abb. 46 - Belorussische Gestaltungselemente der Fenster als Schmuckglasscheiben sind in dunkelbraunen Stahl-Aluminiumfenstern eingefasst, Aufnahme Fröhlich (2015) 81

Abb. 47 - Blick auf die Freitreppenanlagen, an der die vorgesetzten hellen Sichtbetonbrüstungsbänder noch heute gut erkennbar sind, Aufnahme Fröhlich (2015) 82

Abb. 48 - Das kunstgeschmiedete Ornament-Gittertor zum Vorraum unter der Terrasse des Restaurants „Minsk", Aufnahme Fröhlich (2015) 86

Abb. 49 - Blick in den Vorraum zum Bunkereingang unterhalb der Terrasse, Aufnahme Fröhlich (2015) 86

Abb. 50 - Die Kaffeekarte des Terrassenrestaurants "Minsk", ca. 1985 .. 98

Abb. 51 - Die Abendkarte des Terrassenrestaurants „Minsk", ca. 1985 .. 99

Index

Adelung W.
    Braumeister   19, 104
Albert-Einstein-Straße
    Luckenwalder Straße   40, 45-46
Alexander I. von Russland   103
Alhambra-Lichtspiele   20
Almsick, Franziska von
    Schwimmerin   53
Alter Markt   26, 57, 70, 94, 97
Berg, Werner
    Architekt   12, 14, 17, 19, 22-24, 30, 59, 70, 90, 102
Berghaus, Heinrich
    Kartograph   14
Bergtheater Kino   21, 22, 109
Berlin   10, 17, 19-20, 30, 33, 36, 47, 59, 105, 112
Berliner Straße 6/8, 13/17
    Kasernen, Kriegsschule   106
Bezirksleitung der SED   22
Birkholz, Karl-Heinz
    Architekt   57-60, 62- 63, 67-68, 76, 79, 90, 92, 111
Bombenangriff
    14. April 1945   33, 109
Borsig   105
Brandenburg an der Havel   88
Brandenburgischer Landtag   97
Brauerei   10, 12, 19, 84, 85, 102, 104
Brauerei Gebrüder Hoffmann   41

Brauhausberg   7, 8, 10, 11-13, 17, 19-20, 23-24, 30-31, 46-47, 57, 59-60, 70, 73, 84, 87-93, 96-97, 102-110, 112-113
Breslau   104
Bunker
    Brauhausberg   84-85
Caputh   108
Charlott-Lichtspiele   21
Die Badende
    Schwimmhalle   50
Dietz, L. Heinrich
    Architekt   20, 109
Dreißigjähriger Krieg   12
Drewitz   47
Falkensee   88
Flughafen BER   93
Folklore-Gaststätte   61, 62, 77
Frankfurter Nationalversammlung   30, 36, 107
Friedrich Wilhelm III.
    Preußischer König   17, 103-104
Friedrichs II.
    Preußischer König   103
Fürstenstein (Schlesien)
    Burg   103
Gambrinus   37
Garnisonkirche   23, 97, 109
Gastwirtschaft „Zum Schwarzen Adler"   104
Geographische Kunstschule   14, 105

Gerkan
    Architekt   93
Görl Horst
    Stadtarchitekt   62
Großes Potsdamer Militär-
    Waisenhaus   105
Handelsorganisation (HO)   76
Heeresarchiv   11, 20, 23, 31, 97, 108
Heilig-Geist-Kirche   26
Hoffmann A.
    Braumeister   19, 104, 106
Hoffmann, Jörg
    Schwimmer   53
Hunger, Daniel
    Schwimmer   53
Kaciusyte, Lina
    Schwimmerin UdSSR   48
Kaiser-Wilhelm-Blick   25-26, 28, 82, 107
Kaiser-Wilhelm-Brücke
    später Lange Brücke   107
Kino   20, 109
Koblenz   105
Kohlschlütter
    Architekt   62
Königliche Polizeidirektion zu
    Potsdam   103
Königsberg   108
Königsbrauerei   17, 19, 104
Kornmagazin
    Leipziger Straße 7-8   105
Kreml
    Brauhausberg 33, 59, 70, 97, 109

Kriegsschule 19, 22, 30, 33, 106-108, 112
Krüger, A.L.
    Architekt   17, 103
Kurfürst Friedrich II.   102
Kurfürstlicher Weinberg   102
Landessportbund Brandenburg
    (LSB)   88
Lange Brücke   11, 104, 107
Leipziger Dreieck   22, 40, 85, 108
Leipziger Straße   10, 22, 85, 92, 109
Leipziger Straße 7-8   105
Luftschiffhafen   47
Luise
    Preußische Königin   1, 3, 17, 36, 103
Marg
    Architekt   93
Mark Brandenburg   12
Matthes, Roland
    Schwimmer DDR   48
Mercure
    Hotel   7, 97
Michendorfer Chaussee   108
Militärschule   105
Minsk
    Hauptstadt Belorussland   1, 3, 7-8, 11, 24, 48, 53, 56-63, 66, 68-69, 71-75, 79, 82, 84, 86-91, 93, 96-99, 110-112, 123
Mooreiche   59, 63, 76
Moskau   60
Nansenstraße 2   88
Napoleon   19

Französischer Kaiser	103
Nerlich, Werner Prof.	50
Grafiker und Maler	48
Neues Palais	26, 27
Neukölln	20
Neustädter Havelbucht	105
Niemeyer, Oscar	
Architekt	91, 110
Nikolaikirche	11, 26, 94, 97
Observatorium	107
Ostmoderne	7, 60, 69, 91
Paretz	103
Paris	103
Persius, Ludwig	105
Potsdamer Tageszeitung	106
Potsdam-West	22
Pro Brauhausberg	
Bürgerinitiative	25, 70, 91
Reichsarchiv	11, 20, 22-23, 30-31, 33, 56, 69, 97, 107, 108-109
Reichskriegsschule	20, 22, 113
Residenz-Lichtspiele	20, 21
Restaurant Potsdam in Minsk	110
Sanssouci	36, 105
Schanzenanlagen Brauhausberg	104
Schießplatz	102
Schinkel, Karl Friedrich	
Architekt	104
Schlaatz	47
Schöneberg	19, 20
Schopohl, Fritz	
Architekt	30, 108, 113
Schützengilde Potsdam	14, 102-103, 105-106, 109
Schützenhaus	103, 105-106, 108, 109
Schützenkrug	
Restaurant	14, 102
Schützenplatz	
Brauhausberg	20, 105, 108
Schützenstraße	10, 19, 56, 102, 105, 106
Schwechten, F.A.	
Architekt	19, 20, 30, 106, 107, 108
Schwimmhalle	22-23, 46-47, 53, 56, 58, 69, 73-74, 87, 89-91, 96-97, 109-110, 112
SED-Bezirksleitung	20, 23, 33, 59, 109, 110, 113
Städteordnung in Potsdam	103
Stangenbier	19, 106
Stangenbierbrauerei Potsdam	104
Staudenhof	97
Telegrafenberg	70, 105
Teltower Tor	104, 107
Teltower Vorstadt	14, 19, 102, 104
Terrassenrestaurant Minsk	7-8, 11, 24, 52, 56, 58, 60-61, 69, 71, 73, 89, 96, 110
UdSSR	60
Vereinsbrauerei Rixdorf	41
Wackermann	106
Wackermannshöhe Höhengaststätte	19, 106

Waisenstraße 30-34
    Kriegsschule   107
Waldstadt II   47
Wasserpumpenwerk
    Neustädter Havelbucht   105
Weißrussland   61
Wendland, Christian
    Denkmalexperte   87, 90-92

Werner-Alfred-Bad   47
Wetzlarer Reichskammergericht 107
Wilmersdorf   20
Wünsdorf   91
Zehlendorf   20
Ziller, Christian Heinrich
    Architekt   104
Zum Obelisk   21

Danksagung

Unser beider Dank gilt vor allem Herrn Karl-Heinz Birkholz für die Bereitschaft uns im Jahr 2014 ein Interview gegeben zu haben. Dadurch sind die Fakten zum Terrassenrestaurant „Minsk" und zur benachbarten Schwimmhalle sehr authentisch geworden.

Auch den Herren Pfrogner und Hintze sei gedankt für die Verbindung zur Bürgerinitiative „Pro-Brauhausberg e.V." und damit verbundenen Informationen zum Brauhausberg.

Den MitarbeiternInnen des Stadtarchivs Potsdam für die Unterstützung bei den Vor-Ort-Recherchen ein Danke.